WHAT CUSTOMERS WANT

USING OUTCOME-DRIVEN INNOVATION TO CREATE BREAKTHROUGH PRODUCTS AND SERVICES

产品经理的设计思维

以成果导向驱动产品创新的成功实践

[美] 安东尼 · W · 伍维克（Anthony W.Ulwick）◎著　郭紫娟◎译

電子工業出版社
Publishing House of Electronics Industry
北京 • BEIJING

Anthony W.Ulwick: What Customers Want: Using Outcome-Driven Innovation to Create Breakthrough Products and Services
ISBN: 978-0071408677

版权贸易合同登记号 图字：01-2015-2170

图书在版编目（CIP）数据

产品经理的设计思维：以成果导向驱动产品创新的成功实践 /（美）安东尼 · W · 伍维克（Anthony W. Ulwick）著；郭紫娟译. 一北京：电子工业出版社，2016.12

书名原文：What Customers Want:Using Outcome-Driven Innovation to Create Breakthrough Products and Services

ISBN 978-7-121-30535-1

Ⅰ. ①产… Ⅱ. ①安… ②郭… Ⅲ. ①企业管理一产品管理 Ⅳ. ①F273.2

中国版本图书馆 CIP 数据核字(2016)第 289981 号

策划编辑：刘露明
责任编辑：刘淑敏
文字编辑：刘淑丽
印　　刷：北京虎彩文化传播有限公司
装　　订：北京虎彩文化传播有限公司
出版发行：电子工业出版社
　　　　　北京市海淀区万寿路 173 信箱　　邮编 100036
开　　本：720×1000　1/16　印张：13　字数：161 千字
版　　次：2016 年 12 月第 1 版
印　　次：2022 年 12 月第12次印刷
定　　价：66.00 元

凡所购买电子工业出版社图书有缺损问题，请向购买书店调换。若书店售缺，请与本社发行部联系，联系及邮购电话：（010）88254888，88258888。

质量投诉请发邮件至 zlts@phei.com.cn，盗版侵权举报请发邮件至 dbqq@phei.com.cn。

本书咨询联系方式：（010）88254199，sjb@phei.com.cn。

目录

前言

超越客户驱动型创新的范式

20世纪80年代中期，一些商界领袖开始认识到技术导向型创新的不足。那时，普遍的情况是公司创造出一项新技术，然后试图为其找到可以开发的市场。传统的研发实验室（如贝尔实验室）岌岌可危，因为它们总是想满足客户的一切需求。例如，在摩托罗拉的铱星计划中，它们想为其产品创造出一片广阔的市场，然而这个产品却非常小众。当时，摩托罗拉斥资超过50亿美元建设铱星计划，最后以2 500万美元的价格出售，价格缩水约1倍。在这个计划中，用户需要购买一部价值约3 000美元的手机，而话费更高达每分钟7美元，这样一部手机对用户几乎没有什么吸引力。摩托罗拉公司实际上是在赌一个根本不存在的市场。[1]

随着工艺改进热潮席卷美国企业界，很多公司意识到用这种试错法

① 阿里克·赫塞尔达. "铱星的回归". Forbes.com（2001年11月30日）。

创新的成本是多么昂贵：接近90%的失败率，研发经费需要经过严格审查，平均交货时间长达8年。很显然，人们需要一种新的创新方法。

基于此，各公司开始采用与客户驱动型创新相关的理念和基本原则。其中，基本原则是企业应当在研发新产品或服务前，了解客户的需求。这种常识性的方法旨在促使创新过程更加高效。之后，各公司开始进行客户访谈，并根据它们收到的反馈采取行动。它们开始进行人种学和人类学的研究，邀请客户进行产品概念测试。事实上，定性和定量研究已经成为过去20年企业的主要工作之一。小组座谈、客户回访、联合分析、需求导向型市场细分，以及领先用户分析都已经成为贸易的工具。客户驱动型的创新思路如今已根深蒂固，成为企业界的流行语。然而客户驱动型创新在发展了20年后，一些美国企业发现它们仍有50%~90%的产品或服务项目是失败的，这些失败项目每年要浪费1 000多亿美元。例如当年的New Coke，可谓是可口可乐公司最失败的产品。然而为了研发New Coke，可口可乐花了400万美元对约200 000名顾客进行了采访。而在那些成功的项目中，也只有一小部分是真正具有创新精神的。那么结论就是：尽管客户驱动型能够带来很多改进，但它依然不够好，不足以面对各式各样的变化。

今天，经济全球化不断深入，对市场增长的需求达到了前所未有的程度，在这样的背景下，创新的重要性日益增加，显然，我们需要一种新的创新方法。企业必须在创新方面再上一层楼，然而如何做呢？答案就在改进商业流程最基本原理之中。

35年前，生产部经理们正处于制造产量只有10%的低谷时期，那时他们把目光转向六西格玛设计和统计过程控制（SPC）等工具，以提高制造过程的质量水平和可预见性。同样的思路也可以应用于创新流程，即通过明确创新的不同阶段，消除会在创新过程中产生变化的因素，使企业可以获得更高的创新成功率，研发出更多突破性的产品和服务。

在 1984 年的某一天，我第一次把创新当作一个流程来思考，在前一天，我和 IBM 的同事（我当时在 IBM 工作）一起推出了 PCjr。华尔街日报迅速宣告这台设备的失败，它们甚至使用了大号、加粗的字体。仅仅一天，我们花了 18 个月，斥资 100 万美元进行市场研究，投入大量心血的智能产品就被媒体认定为十足的失败。为什么它们能够知道而我们不能？为什么我们没有让那些媒体人早点试用我们的产品，方便我们预估他们的反应？这些媒体在评价 PCjr 时的标准是什么？如果我们能够提早知道他们的标准，我们是不是能够采用不同的设计从而得到更积极的回应？

事实不可否认：PCjr 是失败的，在 1985 年撤出市场之前，IBM 总计花费了超过 5 亿美元在这个项目上。而我们使用的正是传统的客户驱动型工具，它让我们失望了。那时，我并不完全清楚整个流程是哪里出了错，但这件事常常在我脑中反复浮现，我不能放弃这一想法。在我看来，如果我们能够提前知道客户将要以什么样的标准来衡量一个产品的价值，我们本可以设计出一个完全符合那些标准的产品，那么这样的产品将会是一个成功的产品。但那不就是我们说的客户驱动型方法吗？我们问客户他们想要什么，然后按照他们的要求定制产品。如果是这样的话，那么到底哪一步出错了？为什么我们会失败？

多年来，在分析客户驱动型方法的过程中，我发现有一个因素十分突出，这个因素能够引入变量，让我们的创新流程脱离目标成果。讽刺的是，这一因素来自客户的输入，也就是客户的要求。当企业在收集客户的要求时，它们不知道自己需要从客户那里获取什么样的输入，而客户也不清楚这种输入应该是什么。因此，客户选择了他认为利于描述的语言，然而这样的语言并不利于开发创新型产品。这就产生了矛盾，客户的词句并没有转化为有意义的输入。事实上，客户驱动型的方法之所以未能产生预期的结果，是因为向客户发问不仅会导致错误的输入，而且这种错误的输入会在不经意间导致失败，即便经理们积极地努力避免这种失败的结果也无济于事。企业就是在这种错误输入的基础上，试图发现市场机会、细分市场、进行竞争分析和集体讨论构思新的产品或服务。

为了找出客户想要什么，实现成功的创新，企业必须以一个不同的角度考虑客户的要求。企业必须能够提前知道客户会采用什么标准来衡量产品的价值，然后尽量设计出符合各标准的产品。这些标准应当是产品成功的“指南针”，而不是失败后的“马后炮”。

从 PCjr 的惨败开始，我花了很多年的时间研究企业应当从客户那里获取怎样的输入，才能成功创新。我首先从语言开始。大家都认可的语言是任何项目成功的基础，然而混乱已经渗透到产品研发阶段，因为企业将“要求”定义为任何类型的客户输入：客户的需求、需要、利益、解决方案、想法、愿望、要求、规格等。但实际上，这些都是不同类型的输入，这些输入中没有任何一个可以用来预测性地确保成功。

顺着这一思路，我研究出更为有效的创新方法，我称为成果导向型创新法。这一方法主要包括三个原则：

- 客户购买产品和服务是为了帮助自己完成任务。在对新市场和现有市场的研究中，我们发现，客户（包括个人和公司）定期会有一些实用的“任务”需要他们完成。当客户意识到这样的任务，他们就会寻找能够帮助他们完成任务的产品或服务。例如，我们知道人们购买割草机，这样他们才能修剪草坪；人们购买保险以降低自己的金融风险；人们购买 MP3 来管理和欣赏音乐。同样，企业购买服务器来管理电子邮件；聘请咨询公司制定战略；应用客户关系管理软件进行消费勘察。我们来看另一个例子，种植玉米的农民购买玉米种子、除草剂、杀虫剂和化肥来种植玉米。木匠购买圆锯来锯木头。实际上，所有的产品和服务都是用来帮助人们完成任务的。在成果导向型的创新范式中，我们关注的焦点并不是客户，而是他们要完成的任务：一项任务即一个分析单元。当企业将注意力集中到帮助客户更快、更方便、以更低的成本完成任务时，它们更有可能创造出顾客想要的产品和服务。只有在企业选择关注任务而不是顾客之后，它们才能值得客户信任，为客户创造价值。

- 客户使用一系列指标（绩效指标）对任务的完成情况和产品的效果进行评判。正如企业使用各种指标来衡量一个业务流程的输出质量，客户也可以使用指标来衡量任务的完成效果。客户心中有这些指标，却很少说出来，因此企业对这些指标知之甚少。我们称这些指标为客户期望的成果，它们是衡量任务完成情况的基本标准，也是做某一具体任务时固有的标准。例如，当农民种植玉米时，他们会对种子做出判断，以减少不能发芽的种子数，增加能够同步生长的植株数，或尽量减少由于授粉过程中热量过多而造成的产量损失。当使用圆锯锯木头的时候，木工会对使用的圆锯进行评判，以尽量减少看不见切割线的可能，同时减少调整叶片深度所需的时间等。无论何种任务，客户都会应用共计 50~150 种指标对任务的完成情况进行评判。只有当所有的指标都达到要求时，客户才能出色地完成任务。但讽刺的是，这些指标在客户驱动型的方法中被忽视了，因为它们与"倾听客户的声音"无关。

- 这些客户的指标能够使创作突破性产品或服务的过程系统化，可预见化。在有了合适的投入之后，企业能够大幅提高其在创新过程中所有其他步骤的执行力，包括发现市场机会、细分市场，进行竞争力分析，构想出新的创意并对其进行评估，和客户沟通产品价值和需求，衡量客户满意度。例如，在成果导向型创新下，企业不再会通过头脑风暴产生上百种创意，然后从中努力找出有价值的。反之，它们会从 50~150 种客户指标中选出重要的和客户不满意的，然后系统地制订一些方案，以更好地满足客户需要，产生更好的结果。这样的话，企业就会知道在哪里做出改进，更重要的是，它们知道它们改进后的产品一定是客户喜欢的。例如，如果药物输液泵制造商知道 90%的疼痛治疗护士都在努力做的，就是尽量减少注射时调整剂量变化所需的时间（但今天，这还是很难实现的），他们不仅会知道应当把创造力聚焦在哪里，还会知道他们花费大量时间得出的创意是值得的。这彻底颠覆了创新的过程。

那么这些原则的内涵是什么呢？只有在知道客户需要完成怎样的任务，以及他们想要实现怎样的结果之后，企业才能够系统地预测出其中蕴含的市场机会，研发出附有新价值的产品和服务。只有这样它们才能知道客户想要什么。

在这一过程中，找出正确的投入很关键，而明确如何投入也是十分关键的。我们这本书就是在描述企业应该通过怎样的方法进行投入。比如，一旦我们明确某个具体任务想要得出的结果是什么，企业创新的目标就变得十分清晰，企业在创新过程中必须优先考虑这些因素。而企业一旦知道哪些结果是还不理想的，并将它们定为长期发展目标，那么企业就能够实现：

- 优化宣传策略，充分发挥其产品在满足发展目标方面的优势。
- 优先考虑发展计划中的项目，使之能够最大限度地满足目标产品，快速进入市场。
- 系统地思考如何应对剩余的未开发的市场机会，如果不能创造出有突破性的产品，至少要有价值。

举例来说，1994 年，医疗器械公司 Cordis 公司想要扩大在血管成形术气囊市场上所占的份额，它们明确了目标成果中 15 个尚有不足的项目，同时它们意识到它们目前的产品已经解决了其中 3 个，只是它们从来没有公开过。为了充分利用产品的优势，它们改进了宣传和销售策略，大肆宣传它们的产品是如何迎合了那些新需求。6 个月内，它们的市场占有率从 1%上升至 5%，这仅仅是因为它们采用了新的宣传方式。接下来，它们把目光聚集到开发计划上，并意识到它们的 40 个开发计划中有 1 个“血管支架”，能够满足一项非常重要的不足的目标成果，那就是尽可能减少再狭窄情况的出现。因此，它们重新优化开发资源，在血管支架项目上安排了更多的研发人员，这样它们就可以迅速地研发出这个产品，从而成为第一家把这种产品引入市场的企业。这种血管支架后来成为销售最快的医疗器械，不到两年就为 Cordis 公司带来 10 亿美元的订单，然而它们没有停下脚步。最近，它们为其产品增加了一套新功能，来应对剩下十几个尚有不足的成果目标，一年半以后，它们发布了一系列血管成形术气囊产品，这些产品帮助它们从 5%的市场占有率扩大到 20%，也使它们成为行业的领导者。

创新过程中引入变量的因素

在我们详细介绍成果导向型创新方法之前，经营者们必须先要承认创新确实是一门科学，创新是一个系统创造能够为客户带来新价值的产品或服务的过程，而不是一种艺术形式（永远只能产生随机、不可预估的结果）。从技术上讲，创新是创造一种解决方案（产品或服务），提供明显的新客户价值的过程。这个过程始于选择目标客户和市场（包括明确市场机会并对其排序），结束于创造出一项具有创新精神的产品概念，为客户带来新的明显的价值。

更具体地来说，创新本质上是一个弄清“客户想要什么”的过程。然而，就像我将要在这本书里解释的那样，企业需要从两个层面理解这句话：企业不但必须明确客户想要什么样的解决方案和产品功能，而且要明确客户想要产品满足什么样的目标成果，这是创造出一个有价值的解决方案的前提。换句话说，在确定客户想要什么样的解决方案之前，企业需要弄清楚客户需要完成什么任务，以及他们如何评价任务的完成情况。

尽管不能获得正确地客户输入是创新失败的主要因素，但它并不是在创新过程中引入变量的唯一因素。输入错误使得创新很难取得好结果，但是理解了客户想要的成功绝不意味着创新过程一定成功。企业必须知道它们要为谁创造价值，它们该如何加工、使用这些输入以创造目标价值。

我和我的同事花了约 20 年时间界定创新过程中的各个阶段，并确定了在创新结果中引入变量的因素。我们对不同国家和行业的数十家企业进行研究，分析它们的创新过程和操作，试图找到那些可以实现突破性创新的随机因素（不可预测的因素）。最终，我们确定了 8 个这样的因素，这些因素能够在创新过程中引入变量，并且每个因素都与创新过程中的一些重要阶段相关。它们破坏了创新过程的稳定性，因此，这些因素就是很多创新失败的根本原因。我们发现企业经常面临如下问题：

- 考虑不周的发展战略。
- 错误的数据收集。
- 错失机会。
- 糟糕的市场细分。
- 错误的增长目标。
- 重点模糊的营销、信息传达和品牌塑造。
- 糟糕的优先发展措施的选择。
- 漫无目的的生产创意。

当你仔细考量这 8 个因素，就会发现难怪创新过程总是随机并且不可预测的。但令人惊讶的是，这些低效的措施竟然会存留如此之久。在过去 20 年间，经理们将许多指标纳入他们的经营中，他们为企业的每一步努力计算预期的回报。在他们眼中，没有什么还要靠猜测，没有什么充满矛盾，没有什么是偶然的，除了企业的创新过程，因为其本质是创造性的，这种创造性的本质使得创新可以以某种方式逃避审查和计算。

经理们一般预计公司超过半数的创意都会失败。所以，公司常常向几十个创意投资，然后希望那些成功的创意能够收回在那些失败创意上的投资。这种散漫的做法不仅浪费，还使那些真正值得追求的市场机会缺少资源，导致机会成本的损失高达数十亿美元。试想，如果公司只开发那些它们能够提前知道会满足客户需求并取得成功的解决方案。试想，所有那些浪费在最终会失败的创意上的资源，如果都能集中到少数可能成功的资源上，这不是天方夜谭！在今天，实现这些目标是可能的。但要实现这一梦想，企业必须采取新的方法，一个有别于传统思维的创新方法。

成果导向型创新的8个步骤

《产品经理的设计思维：以成果导向驱动产品创新的成功实践》引入了“成果导向型”创新的概念。这一概念对想要摆脱客户驱动型创新的企业是非常有意义的。对于想要在其核心市场实现收入增长的企业，或是想要进入新市场的企业，以及那些想要探索全新市场的企业来说，都可以从本书中获得帮助。在这些情况下，能够破坏创新的因素通常存在于这家或那家公司中。

然而，通过后面章节中介绍的8步创新法，这些因素是可以克服的。本书每个章节介绍一个步骤，这些步骤就是成果导向型创新的过程（见图0.1）。

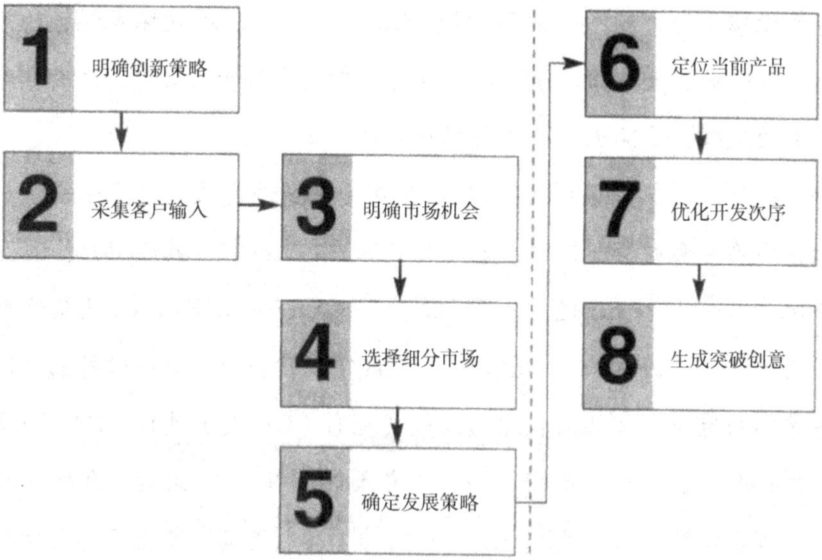

图 0.1 成果导向型创新的 8 个步骤

第 1 章，“明确创新策略：我们为谁创造价值，如何实现？”是成功创新的第一步，这一章回答了如下问题：

- 可能的创新有哪几类？
- 什么样的发展路径是值得考虑的？
- 价值链中的哪一环能创造出最大价值？
- 如何处理可能会产生冲突结果的多种要素？

创新开始前，企业必须先要考虑不同类型的创新都是有可能的——产品或服务创新、新市场创新（开拓新市场），运营创新和破坏式创新。决定该走哪一条路并不是一件容易的事。虽然大部分企业自然而然地想要关注在产品创新上，一些企业比如戴尔、沃尔玛、丰田和前进保险能够在各自领域里独树一帜却是靠的运营创新。另外，苹果的成功往往来源于开拓新的市场，而亿创理财和西南航空则是通过破坏式创新获得成功。这一章会深入探究每种创新可能。在继续创新之路前，你最好考虑所有的选项，产品创新并不是唯一的成功之路。

此外，企业必须自问："我们是在为谁创造价值？"具体来说，企业需要确定哪些价值链参与者是目标客户：是买家？最终用户？其他设备制造商？还是价值链中的多个客户？对于一些公司来说，明确这个问题是一个挑战。例如，一些处在价值链顶端的企业（如原材料生产商或半导体制造商）常常只和原始设备制造商（OEMs）进行接洽，而没有直接接触价值链中其他方（如购买者或最终用户）。同时，那些具有强大渠道合作伙伴的企业（如家电和电动工具制造商）可能不会直接和最终用户对话，而只是收到合作伙伴提供的最终用户的需求清单，它们把得到的信息奉为圣经，错误地以为已经掌握了用户的需求。还有一些公司（如设备制造商）往往不考虑价值链中的重要客户（如 IT 主管），而只关注到最终用户。要想形成有效的创新策略，企业必须正确地作出决策，确定谁会在价值链中做出最重要的价值判断，然后直接去了解他们使用的价值判断标准。

企业在弄清楚目标客户及想要追求的创新类型后，数据收集过程才能开始。

第 2 章，"采集客户输入：忘记'客户的声音'——让我们谈谈任务、成果和限制条件"，定义了通过传统的客户驱动型方法采集到的输入类型（解决方案、福利、需求和好处），同时指出使创新过程可预测的必需输入：任务和成果。

获得这些信息可以使接下来的工作变得简单，也就是说在任何企业中，确定任务和成果都是商业过程中最重要的一环。正如我们在书中所展示的，掌握了正确的输入，开发经理和市场经理能够极大地提高他们发现市场机会的能力，帮助他们细分市场，进行竞争分析，产生创意并进行评估，形成知识成果，与客户沟通价值并衡量客户满意度。这些都有赖于取得正确的输入，才能确保成功。而令人意想不到的是，如今在定义我们需要什么类型的输入时，我们所收集的信息是多么不准确！

在过去的 20 多年里，倾听“客户的声音”一直是营销圈里的不二真言，然而是时候让我们忘记这个声音了。真实的“客户的声音”会让创新偏离正轨，因为客户并非真的知道什么样的解决方案才是最好的，而创造出最好的解决方案正是企业的职责所在。此外，客户提供的另外一些创新输入（如客户常常会用“更快”“容易上手”“可靠”“智能”“强劲”“耐用”“更便宜”“更好”这些词语进行表述）太过于模糊，对设计师和工程师来说并无意义。企业通过使用结构化的输入采集和加工框架，使这一流程标准化，从而能够将创新从非结构化的、随机的客户驱动型转变为建立在规则基础上的一门科学。

第 2 章着重探讨以下问题：

- 为什么企业要收集客户的需求？
- 收集过程中会出现哪三大问题？
- 企业通常从客户那里收集什么类型的数据？
- 什么样的客户输入能够使企业的创新过程可控？
- 企业应该使用什么方法收集所需信息？
- 企业如何知道该采集三种客户输入中的哪一种？

第 3 章，“明确市场机会：辨识不足市场和超出市场”揭示了如何对客户输入进行排序，才能发现增长和创新的市场机会。重要却尚未满足的目标成果就是我们所说的不足市场，代表着改进的空间，而那些不重要却已经得到满足的目标成果则意味着超出市场，这一部分就是可以降低成本的地方。这种认识对于四种创新（产品或服务创新、新市场创新、运营创新和破坏式创新）的成功至关重要。只有当企业掌握了所有客户想要的成果信息，企业才能抓住最好的市场机会，确定优先开展的任务。

简单地说，创新需要两步走。企业首先要发现市场机会，并针对新的机会设计出新思路。通常，想出新点子并不难，企业缺少的不是创造力，而是方向。缺少创新方向，开发人员研制的产品或服务更容易完善那些已经满足的方面，因此，没有为产品或服务增加任何感知价值。或者，开发人员容易在改进一方面的同时，降低一些更重要的方面。盲目猜测市场机会（却又猜错了）就会在创新过程中引入变量，使企业很难在研发一个突破性创意的过程中保持一致。

确定那些重要的不足成果不是唯一的挑战。即使企业掌握了良好的输入，它们很少能做出明智的判断该优先开展哪项工作，因此，它们无法优化资源配置。第 3 章详细介绍了如何采用量化的方法准确地发现市场机会，并确定优先开发顺序。它将会解决以下问题：

- 什么才是市场机会？
- 在确定开发顺序时最常见的三种错误是什么？
- 企业应当如何确定优先把握哪个市场机会？
- 如何确定不足市场和超出市场？
- 价值是如何随着时间转移的？

- 在成果导向型创新方法下，如何进行竞争分析？

第 4 章，“选择细分市场：使用成果导向型细分法对市场机会进行分割”提出了发现和细分市场的新方法。许多公司分割市场的方法并不利于创新成功。在理想情况下，它们对市场进行分割，然后发现特定的用户群，这些用户对产品有独特的需求而尚未满足。然而几十年来，企业在进行客户分类时，通常的做法是根据客户的需求、角色、产品类型、价格承受能力、年龄、规避风险能力和其他人口统计或心理学统计标准进行划分。这种做法对于企业来说可能很方便，也有利于开展营销或销售跟踪，然而却阻挠了创新过程。想要找到拥有未满足的特殊需求的用户群，唯一的方法是使用变量作为细分手段。

不同年龄、不同企业的客户可能会有同样的目标需求吗？当然可能。企业如果能够在其中发现市场机会，它们就能够找到新的创新资源，为颠覆性技术找到新市场，甚至是在成熟的市场中找到市场机会。哈佛商学院的克莱顿·克里斯坦森教授在他的《创新者的解答》一书中也提到了这种理念。下面的问题会在第 4 章中进行讨论：

- 市场细分的目的是什么？
- 市场细分的方法是如何演变的？
- 为什么传统的细分法对创新无益？
- 成果导向型细分法有什么不同？
- 成果导向型细分法是如何运用的？
- 成果导向型细分法是如何应对发展和营销挑战的？
- 任务导向型细分法有什么不同，何时该使用这种方法？

第 5 章，“确定发展策略：决定企业在哪个方面创造价值”解释了采用成果导向型创新方法的公司如何决定不足成果和超出成果，从而选定增长目标、创新目标和削减成本目标。当市场显现出改善的机会，企业管理者必须决定要追求哪一个目标。一个有效的目标策略能够使公司在不足的领域完善产品或服务的功能和表现（却不一定会增加成本），而同时使公司在超出的领域削减成本。通过确定合适的目标，企业可以优化产品和服务，使之刚好满足客户的需求（既不多也不少），而客户也不用为他们不需要的功能浪费钱。

而缺乏此意识的企业，在决定应当把资源集中在何处时就会犯很多错误。例如，它们更容易将注意力放在它们能够改善的地方，而不是它们应该改善的地方。它们可以改进的问题（可能是因为这些问题技术要求不高，或者比其他地方更有趣）可能不是获得成功的最佳道理。而且，不能准确确定目标的企业还倾向于在它们已经做得非常好的地方继续提高，即使它们的产品已经能够让客户满意。举例来说，某聚合物制造商可能不断地重新设计一个化合物，使其越来越强，然而同时成本也在不断增加，可是这个制造商却没有意识到它们设计的化合物已经足够强。此时，它们所提供的产品是超出客户需求的，而产品本身成本不断提高，真正的价值却没有增加。最后，这些毫不知情的企业往往犹豫要不要拓展其核心竞争力以外的能力，这主要是因为它们不确定这样做是否会成功。如果它们可以肯定哪些方面还有不足，它们就可以坚持它们的决定，即集中资源提高尚有不足的方面。以下问题会在第 5 章提及：

- 为创新选择目标市场有什么不一样？
- 在大市场上，什么类型的市场机会更有吸引力？
- 在具体的细分市场上，什么样的目标市场选择策略才是有效的？

- 为什么市场选择策略能够使企业获得独特而有价值的竞争位置？
- 为什么企业抓不住重要的市场机会？

第 6 章，“定位当前产品：将市场机会和有价值的产品功能相结合”介绍了如何应用成果导向型方法定义当前产品、新产品和品牌形象，以及如何使用成果导向型的方法与客户建立良好的沟通。这样，了解客户想要的成果再一次有效地提高了企业定位和传递信息的能力。

一旦企业确定最佳的市场机会，它们必须审视当前产品中，是否有与该市场机会相契合的产品，可以提高对应的不足成果。如果有这样的产品，那么企业所处的位置就十分有利，可以借此机会实现盈利。有时，企业会发现它们的部分产品满足了一些目标成果，但企业却未能很好地传达出产品的价值。在市场严重不足时，宣传策略是能够明确表明传递产品优势的最有效的方法之一。

企业常常还会面临这样的疑虑：它们的宣传策略是应当建立在客户想要实现的功能性任务和成果上，还是应当从情感角度进行宣传？我们认为当产品功能非常复杂，同时又不能与客户产生情感共鸣（如医疗器械、金融服务），此时企业应当选择功能性的宣传策略；而如果企业的产品能够塑造客户的形象（如服装、汽车），那么企业就应当双管齐下，兼顾产品的功能和与客户的情感连接。在第 6 章中，我们探讨了以下问题：

- 为什么企业的宣传策略常常无法体现产品的真实价值？
- 进行有效宣传的前提条件是什么？
- 如何宣传是最有效的？
- 企业应该从哪个角度宣传产品？

- 销售团队如何对企业收入产生直接的影响?
- 成果导向型品牌优势在哪里?

第 7 章，“优化开发次序：择优汰劣”关注的是企业在成长过程中的产品和服务。企业是否有产品或服务很好地满足了客户的不足成果?如果有，这些产品和服务应当优先发展，企业应当将资源集中于此，使其能快速投入市场。而那些没有满足客户不足成果的产品就应当立即放弃，因为它们无法为客户提供额外的价值。

大多数企业并不知道哪些产品和服务会成功，而哪些又会失败。因此，企业管理者就会觉得他们需要做到面面俱到。他们做了很多努力，把资源分散在各个项目上，同时，他们又不愿意放弃已经开始的项目——所有这些做法都会降低创新的效率。第 7 章将会提出相应的方法用以解决如何在发展规划中确定优先项目，以及如何评估新的产品和服务创意。使用这种方法，企业可以决定哪些产品成功地解决还未满足的客户成果，而哪些不能。企业在知道开发规划中的哪些产品最有可能带来收入增长和利润之后，就可以在运营方面获得真正的竞争优势。第 7 章将会探讨以下问题：

- 企业在对项目排序时会面临哪些问题?
- 在选择项目时应该采用什么方法?
- 哪些项目应该优先开发?
- 在为项目排序时还要考虑哪些其他因素?

第 8 章，“生成突破创意：使用定点式头脑风暴法和客户计分卡来创造客户价值”讨论了实现增长的第三种选择——通过头脑风暴法产生新创意。在一次典型的头脑风暴会议上，员工们并不清楚哪些地方需要改进，因此，他们在思考时是发散的。经理们必须采用一种散点式的方法，指导员工沿着某些思路思考，例如，经理们可以指导员工从产品的表现、定价、分销、营销和服务等方面进行思考。头脑风暴法是否成功往往是依据产生创意的数量，而不是质量，这在某种程度上是因为它们没有衡量这些创意的标准和办法。

然而，在创新过程中引入这样几百个无关的创意会增加不必要的麻烦，常常更会使创新陷入困境。事实上，企业并不需要那么多的创意，它们只需要少数能够满足重要目标成果的创意。只有在它们把注意力放到一系列的目标成果上，通过定点式头脑风暴法才能得到这样少数有利用价值的创意。

生成概念不仅需要产生创意，还要对创意进行评估。在客户驱动型创新中，创意评估环节往往是有缺陷的，从而导致它会向创新过程中引入不必要的变量。而成果导向型创新使用了客户计分卡，可以让企业根据客户目标成果对创意进行评价，这种方法消除了传统创意评估方法中的很多错误，使系统生成新的突破性创意成为可能。第 8 章中，我们将解决以下问题：

- 为什么传统的头脑风暴法不能产生突破性的创意？
- 突破性创意是如何产生的？
- 定点式头脑风暴法是如何发挥作用的？
- 为什么传统的创意评估方法会失败？
- 如何使用客户计分卡评估产品或服务创意？
- 成果导向型的创意生成和评估方法在实践中如何运用？
- 研发环节在创新过程中发挥什么作用？

在本书中，我们探讨了很多问题，这些问题都是多年以来企业领导者在完善客户驱动型创新内在缺陷的过程中一直努力解决的。表 0.1 总结了创新过程中传统的客户驱动型创新与成果导向型创新的主要区别及成果导向型创新的优势。

表 0.1　创新过程中客户驱动型创新与成果导向型创新的主要区别及成果导向型创新的优势

创新的阶段	客户驱动型创新	成果导向型创新	成果导向型创新的优势
明确创新策略	企业只聚焦在其核心市场；其他发展策略被认定为过于冒险	企业会考虑产品、市场、运营和破坏型创新多种创新途径	企业形成有吸引力的发展策略，可以实现高增长，成功的可能性较大
采集客户输入	企业聆听“客户的声音”，试图从模糊的信息中获取客户输入，为客户提供解决方案	企业决定客户想要什么，并且让有资质的专家（而不是客户）生成最佳的解决方案	市场经理和开发经理获得创造重要价值的解决方案
明确市场机会	企业根据客户想要的解决方案明确什么是市场机会，进而根据企业的可用资源和现有的核心能力确定优先发展的顺序	企业明确客户认为重要但是尚未满足的成果，发现市场机会，并针对目标市场机会整合资源，发展能力	经理们知道应当将员工的创造力聚焦在哪里。同时，企业不会在超出的目标成果上浪费时间和精力
选择细分市场	企业按照产品类型、价格承受能力、年龄、危险规避能力和其他人口学和统计学标准对客户进行粗略的分类	企业根据不同客户想要实现的目标成果进行分类。这种分类不是由企业人为设定的	企业可以在即使只有少数市场机会的市场上识别不同市场机会，发现发展途径

续表

创新的阶段	客户驱动型创新	成果导向型创新	成果导向型创新的优势
确定发展策略	企业致力于发展看上去有益的、容易发展的或是适合其核心能力的产品	企业致力于改善不足的目标成果，并根据超出的目标成果削减成本	企业积极寻找独特并且有价值的优势位置在哪里，并为能获得这一优势位置生成方案
定位当前产品	企业并不确定它们的定位和宣传机制是否与尚未满足的目标成果紧密联系	企业的产品和品牌都与客户想要实现的情感和功能成果直接相关	宣传机制使客户与企业紧密相连，提高现有产品和新产品的销量
优化开发次序	经理们认为有必要做到面面俱到。他们启动了几百个开发项目，在每个项目上都分散一定资源，同时他们还不愿意终止正在进行中的项目	企业评估开发规划中的产品，衡量这些产品是否能满足不足成果	企业知道哪些项目能够创造出最大价值。它们能够花更少的时间和成本创造出更加成功的产品
生成突破创意	员工进行的头脑风暴没有交点，导致最终产生几百个价值存疑的创意。很多创意必须进行再评估	员工通过定点式头脑风暴法，将他们的精力直接放到具体的不足成果上，产生少数有价值的产品	员工不会浪费时间生产那些对产品价值无益的创意。他们只生产值得继续追求的创意

在过去的 18 年中，我和我的同事研究出了本书中所讲的思路和方法。而在近 12 年中，我们也见证了这些方法在几乎每个行业的成功应用。我们的创新方法被多家世界上最负盛名的公司采用，包括微软、强生、博世、美国国际集团及美国辛普劳公司。我们，以及众多思想领袖

和组织都认为成果导向型创新方法就是创新的未来。我们希望你可以深入我们的研究，并提出你的问题，我们共同努力，推动创新过程的演进，使其成为一门可预测的学科，从而使世界上各个国家和企业都能从中获益。

除了以上介绍创新过程的 8 个章节，本书还包括结语（给经理们的策略性建议）和词汇表，以此来帮助企业主管和经理实施成果导向型创新，同时使他们在讨论和管理创新时可以使用同一种描述语言，方便相互理解。

本书由郭紫娟、马振晗、胡娟、刘蕊、陈亚芬、刘琴、王嘉琳、张晓斐、朱田霖及高腾悦翻译完成。

第1章

明确创新策略

我们为谁创造价值，如何实现？

- 可能的创新有哪几类
- 什么样的发展路径是值得考虑的
- 价值链中的哪一环能创造出最大价值
- 如何处理可能会产生冲突结果的多种要素

创新过程中的第一步是明确创新策略。具体来说，企业需要清楚地知道它们要进行什么类型的创新举措；什么样的发展路径是最佳选择？企业想要在市场中创造出最大价值，价值链中的哪个客户应当是它们的目标。它们必须知道它们要为谁创造价值，之后它们才能得到客户输入，开始创新过程。先期的策略评估是至关重要的，否则，企业将面临极大的失败风险。这一章主要讨论了经理们在形成创新策略时应当考虑的问题。

可能的创新有哪几类

以下四类创新是企业应当考虑的。企业的发展程度（刚成立或成立多年）以及所处市场的发展程度（发展中的或成熟的市场）不同，会从不同的创新类型中有不同的获益。

产品创新或服务创新，是最普遍的创新类型，可以通过改进现有产品或服务实现。几乎所有成立多年的老企业都必然会侧重产品或服务创新，否则其市场份额就可能被更积极的竞争对手抢占。想要成功实现产品或服务创新，企业必须意识到哪些客户成果（客户对一具体任务执行效果的衡量标准）仍有不足，然后在其产品或服务中研发并提供创新点，以提升相应的客户成果。提高一项客户成果可能带来渐进式的改进，而一个产品若在多项客户成果上都有提高，很有可能会取得突破性进展。例如，2004 年，博世集团推出功能丰富的 CS20 型专业圆锯，成功进入北美电动圆锯市场，这一产品提高了许多项客户成果。博世提出了一个独特的设想：在发动机和锯片防护罩之间的外壳上正对切割线的位置嵌入一个较大功率的涡轮吹风机，可以使切割表面保持清洁，锯屑也不会飞进用户的眼睛里。通过锯片防护罩上的空气风口吸入空气冷却发动机不是什么新想法，但加快空气流通，并利用吸进来的空气除尘和排屑却是新鲜而有益的思考。博世用带插头的电源线和把手上的固定钩取代了原来的固连线缆，这一改动给用户带来很多便利。如果用户使用时不小心切断了自己的电源线（圆锯常常会出现这种问题），只要换上另一根就可以了。这样既不会耽误进度，又节省了费用。此外，这种设计也避免了传统电源线和延长线相接处的绳结很容易被挂住的问题。CS20 型圆锯的这种线缆直接连接方式可以避免电源接触不良，用户站在梯子上可以通过线缆放下电锯。博世的这一产品还有许多特点，都是针对客户不足成果的问题进行改进的，这也使它成功入选《科技新时代》杂志评选的“2014 年百佳科技成果”榜单。

新市场型创新表现为企业发现人们（个人或是企业）因为没有某种产品而在任务上举步维艰，进而研发出一个创新产品或服务，使人们能够用更低的成本、更快地完成任务，同时，企业最终创造出一个新的市场。此类创新可以给新公司、新的市场参与者或者拓展业务的老公司带来利益。新市场型创新常常是收入增长的最佳途径，因为它不会抢夺现有产品线的收入，而是创造新的净增长。在这种创新模式下，企业需要发现“仍有不足的任务”，这些任务可能与企业现有产品的方向相关，尽管它意味着因此而发展新的能力。例如，Cordis 公司 1994 年开发了 Palmaz-Schatz 支架，这就是血管成形术领域的一个新市场型创新，因为 Palmaz-Schatz 支架是一种新型的高利润产品，使得医生可以专门研究心脏介入治疗（完成此前在血管成形术方面艰巨的任务），显著降低了再狭窄（血管再次被堵塞）的发生率。通过这个产品，Cordis 公司获得了一条盈利的新生产线。另外，个人电脑、手机以及无线网络也都是新市场型创新的例子。

运营创新是指企业在发现企业运营效率低下后，通过创造性的解决方案提高运营效率。这种创新尤其吸引商品贸易类的公司，它们可能处于成熟市场或是其他一些难以进行产品或服务创新的市场。经营创新常常需要企业对企业的价值链进行自我反思，并通过削减成本和不必要的浪费重塑价值链，这意味着企业需要在基础设施方面进行大量投入。想要成功实现这种类型的创新，企业必须理解所有员工和客户在客户—公司的交互（制造、采购或分配过程）中想要实现的成果。掌握了这些信息，公司就可以做出突破性的改进，最终建立新的、低成本的商业模式。例如戴尔公司通过“直接购买”的方式减少了中间商，成功地在计算机行业实现了经营创新。前进保险通过现场即时出具赔偿支票，解决了理赔低效的问题。沃尔玛通过采购、仓储、库存跟踪和销售方面的重大改进重新定义了零售业。丰田则开发出了非常先进的生产系统，加快了丰田车的定制化。经营创新适合所有复杂且低效的业务流程，比如制药业可以从以下策略中获益：目前，发明一种新药需要约 15 年的时间，而生产一种畅销新药则需要平均 8 亿美元的投入。

破坏式创新是在哈佛商学院克莱顿·克里斯坦森教授推广下变得流行的。在一个超出市场上，当企业使用一种新技术扰乱现有的商业模式时，就会产生破坏式创新。其他三种创新方法都是从客户的目标成果出发，研发出相应的技术，而破坏式创新正相反，它是企业根据已有的技术寻找目标客户和市场机会。破坏式创新比其他三种创新类型更加难以系统化地进行，因为不能保证企业已有的技术可以应对任一市场上的任何一个特定的不足目标，同时，寻找目标客户和市场机会的过程可能是烦琐的，并且可能付出高昂的代价。然而，很多企业（尤其是处于价值链上游的企业，如原材料和化学品生产商）被迫沿着这个增长道路发展，它们不断试图为自己的核心技术寻找新市场。

克里斯坦森教授在他的《创新者的解答》一书中，介绍了两种破坏式创新。第一种是低位破坏式。这种创新是指在企业提供的产品超出核心用户所需，因而将一项低成本技术作为目标，同时愿意收购成本更低、性能也略低的产品。这一策略扰乱了当前的商业模式，并为最终吸引主流客户奠定了基础。第二种是新市场破坏式。当一组新客户（非消费者）没有足够的技能或资金获得和运用现有的可用产品（假设存在可用产品）时，企业针对这一情况准备开发新技术，此即新市场破坏式创新[①]。

本书中提出的 8 步成果导向型创新对以上几种创新都适用，因为在上述情况下，企业的目的是相同的，即发现并满足市场机会，无论这些市场机会是尚未得到满足的任务（新市场创新）还是尚未满足的成果（产品或运营创新）。而对于破坏式创新却略有不同，因为在破坏式创新中，第一步就是需要企业明确它们想要在哪一个市场上引入新技术。企业必须确定它们的技术将在哪个市场上应对超出的任务，并建立起一个低成本的新商业模式。一旦做出决定，目标市场机会就可以得到确认，接下来企业再通过 8 步成果导向型创新完善解决方案。

① 克莱顿·克里斯坦森，迈克尔·雷纳. 创新者的解答［M］. 李瑜偲，等译. 北京：中信出版社，2010.

什么样的发展路径是值得考虑的

面对产品或服务创新、新市场创新、运营创新和破坏式创新，企业有几种发展路径。为了帮助企业理解选择某条发展路径而不是另一条的后果，同时帮助企业形成具体的创新策略，我们建立了一个客户——任务矩阵模型。其中列出了企业在确定创新策略时应当考虑的四种常见的发展路径，如图 1.1 所示。

	已有客户	新客户
新任务	定制产品或服务，以帮助客户完成更多任务——常为辅助或有关任务	定制产品或服务，以帮助新客户完成此前从未有人做过的任务
已有任务	定制产品或服务，以帮助客户完成一项任务	定制产品或服务，以帮助新客户完成一项进行中的任务

图 1.1　客户—任务矩阵

更好地完成一项任务

超过 80%的企业创新都是为了改进现有的产品和服务，这些产品和服务也有一定的客户基础。因此想要成功，企业必须能够揭示客户目前尚未得到满足的成果，并且解决这些问题。如果一项创新举措是成功的，那么这次创新的成果将会帮助企业的客户更快、更方便、更安全或是以更低的成本完成某一具体任务。诺基亚、三星、摩托罗拉的手机，嘉信理财、美林证券的金融服务，得伟、博世、牧田的圆锯都是这样的例子。它们都有一定的客户基础，都专注于某一特定的任务领域，都可以通过关注客户不足成果而进行系统的改进。这种发展路径体现在客户—任务矩阵左下角的方格内。

完成更多任务

企业可能知道客户使用某一产品想要完成的首要任务是什么，但是想要发掘出新的发展市场机会，企业常常需要确定在同样的情境下，客户还想要完成哪些辅助或是相关任务，从而改进现有产品，帮助客户完成额外的任务。成功的企业必须从客户（而不是成果）那里获得与当前任务有关的信息，指出哪些任务是尚未得到满足的，并解决这些问题。例如，苹果的 iPod 具有 MP3 播放功能，让客户可以随时随地听音乐，但是苹果更进一步，它们发现客户还有其他需求，因此，它们为 iPod 添加了其他的辅助功能，如从音乐商店购买音乐，管理音乐文件，分享歌曲给好友，从而使苹果在同类产品竞争中遥遥领先。以上提到的辅助任务之前都是没有得到满足的，代表了可发展市场机会。这种发展路径体现在客户—任务矩阵中左上角的方格内。

帮助新客户完成一项进行中的任务

在这种创新发展路径下，企业创新的目标是非消费者，非消费者是指由于缺少资金或者专业技能而不能完成目标任务的个体。企业将这些非消费者定为目标，往往可以创造出新的市场需要。例如，佳能在进入复印机市场时，它们的目标是那些想使用复印机，但是又不想去复印中心的客户。由于它们能够理解这些客户的目标成果，它们成功地开发出适合这些客户使用的产品，从而诞生了个人复印机市场。同样，在强生LifeScan进入医疗市场时，它们将那些想要监测自己血糖水平，却不想去诊所或医院进行测试的客户定为目标。理解客户所需帮助它们成功地开启了个人血糖仪市场。

毫无疑问，这种创新选择在医疗领域颇为流行，其目的常常是为缺少专业技能的人群创造产品和服务，使他们可以在非集中使用的情况下使用。通过医疗创新，心脏病人可以从心脏病治疗医师那里接受血管成形球囊和心脏支架的治疗，而不再需要做心脏直视手术；同样，医疗创新让人们可以在家进行牙齿美白，而不需要专门去牙医的诊所。其他行业也可以依照此原则进行创新。这种发展选项体现在客户—任务矩阵右下角的方格内。

帮助新客户完成从未完成过的任务

在这种创新选项中，客户想要完成某一任务却没有可用的产品或服务，企业因而寻找一种全新的产品或服务。在这种情况下，潜在的客户可能是那些只有自制或零碎的解决方案的人，他们没有任何正式的产品或服务可用，他们的市场尚未形成。许多软件产品，例如报税软件、笔记软件、客户关系管理软件，以及许多硬件产品，如留声机、电话和电视，都属于这一类的创新选项。想要发现市场机会，创造新市场，企业必须选择一定的人群进行调查（如退休人员、青少年或某一特定人群），然后决定这些特定人群想要完成什么任务，或是愿意完成什么任务（但目前仍然无法实现）。这种发展选项体现在客户—任务矩阵右上角的方格内。

价值链中的哪一环能创造出最大价值

一旦决定要遵循何种创新途径和发展策略，企业接下来必须确定为实现价值创造最大化，价值链中的哪一环节是它们的关注点。例如，在产品创新中，企业必须确定它们的目标是最终用户、购买商、渠道合作伙伴、原始设备制造商，还是其他相关客户。如果企业决定进行运营创新，就必须确定是专注于内部客户、外部客户还是两者兼顾。举例来说，在精简招聘流程的过程中，人力资源经理可能成为关注的焦点，而在改革分销流程时，客户和经销经理可能都是改革的重心。确定任务的焦点是非常重要的，因为经理们必须清楚他们在为谁创造价值，以及他们应当和谁直接联系，才能获得必要的客户输入。这里所说的必要的客户输入就是指，客户对任务完成情况进行衡量的指标。企业在做决定的过程中，常常会出现以下三种错误，这三种错误中的任何一种都能够使创新过程脱轨。

企业不直接考虑最终用户。一些企业，尤其是原始设备制造商和产品只销售给渠道合作伙伴的企业，常常在考虑目标用户时忽视了最终使用者，特别是当最终使用者不是产品或服务的主要购买者时。例如，在B2B情况下，企业在创新时可能只和它们的购买者进行沟通。举例来说，IBM的PC部门早期致力于从渠道合作伙伴（比如电脑天地）处获取客户需求，而不是从最终使用者处获取相关信息，毕竟，IBM与其渠道合作伙伴有直接的商业关系，而与最终用户没有。它们还错误地认为它们的渠道合作伙伴可以向它们提供任何它们需要的客户输入，因为它们的渠道合作伙伴与最终用户是有商业往来的。然而，最终它们发现，渠道合作伙伴只能向它们提供它们自己与成本相关的成果，例如"扩大我们的利润"或"增加我们的库存周转次数"，尽管这些信息也有用，但却不能反映出客户在完成任务时是用什么标准衡量价值的。如果企业只与其渠道合作伙伴或是购买者进行沟通，它们可能会开始认为它们所在的不过是一个商品交易市场，所面对的也不过是一场价格战，然而，它们的产品并不只是用来买卖的。例如，美国罗门哈斯涂料有限公司的涂料油漆部门通过和油漆使用者（而不是为了商业计划而购买油漆的购买者）进行沟通，发现了油漆市场上的很多机会。企业应当首先关注产品最终使用者，特别是要思考如何才能帮助最终使用者更好地完成任务，其次再考虑次要客户，即购买者或渠道合作伙伴，次要客户主要考虑的是价格。只有产品的最终使用者才能向企业提供改进现有产品或生产新产品所需的适当的客户输入。

企业在创新过程中不考虑所有相关客户。处于价值链上游的企业［如原材料生产商和将产品销售给原始设备制造商（Original Equipment Manufacturer, OEM）的半导体生产商］和那些将产品直接卖给最终用户的企业（如计算机软件和硬件的制造商）在进行创新时，很少花时间考虑所有相关的用户，从而无法掌握或是正确考虑它们的输入。处于价值链上游的企业只和 OEM 进行沟通，它们无法直接获得购买者或最终使用者对成果的需求。因此，它们在价值链上是孤立的，它们必须依赖 OEM 和其他方帮助自己确定客户想要什么。对于它们来说，OEM 和价值链上的其他方正努力实现这种局面，因为它们也很容易得到错误的用户输入。处于价值链上游的企业应当积极地通过价值链获取用户的成果，掌握更多的信息，使它们自己对 OEM 和其他方也更有价值。

而那些将产品直接出售给最终用户的企业常常只考虑重要客户，而不考虑价值链中的次要客户。比如，一个打印机制造商设计出一种新型联网式打印机，他们可能只关注了最终用户的需求，而没有考虑到信息技术总监对打印机管理的要求。一个医疗设备制造商可能只考虑到医生希望使用创新产品，而忽视了护士或者医院行政管理人员的目标成果和输入。考虑到价值链中所有相关客户是非常重要的。而忽视了重要的因素则会增加失败的风险。

企业倾听客户代表的声音。要想形成有效的创新策略，企业必须做出正确的决策：谁在价值链中的价值判断最重要，然后企业应当直接与其进行沟通，获取他们做出价值判断的标准。往往，企业选择走捷径，而让中间客户，比如原始设备制造商或是渠道合作伙伴，去收集、整理价值链中其他方的要求。有些企业有强有力的渠道合作伙伴，比如家用电器和电动工具制造商，它们可能不会直接和最终用户进行沟通，相反，它们将从渠道合作伙伴处得到的最终用户需求奉为圣经，错误地假定它们的渠道合作伙伴很好地掌握了客户的要求。然而遗憾的是，它们的渠道合作伙伴不太可能掌握所需信息，因为它们在收集客户输入时犯了和别人一样的错误。（我们将会在第 2 章对这些错误再进行讨论。）

企业也喜欢依靠它们的销售团队获取客户信息，让销售团队代表客户发声，这常常会出现大问题。企业往往认为销售人员一定知道客户想要什么，因为他们与客户最为接近。然而，销售人员总是不约而同地将用户需求当作“解决方案”或是“产品说明”，而不是当作目标成果。他们可能知道用户想要什么样的解决方案，然后固执地认为自己的意见是正确的，但是这种反馈，使他们比公司里其他人更容易在无意之间误导他人。让销售人员做他们最擅长的，至于收集客户需求，还是请专家直接与客户沟通。

如何处理可能会产生冲突结果的多种要素

企业在形成创新策略的过程中，常常会犹豫要不要考虑价值链中的多个客户。如果要考虑，那就会让创新过程变得复杂。所以企业常常会限制它们考虑的要素，简化过程，但这样却给创新过程增加了不必要的风险。创新过程中一个重要目标就是发现创造价值的市场机会，越多越好，所以企业在形成创新策略时，考虑多种要素和不足成果对于企业来说是有利的。例如，一个汽车保险公司在思考新产品和服务时，可能会考虑多方的目标成果，如投保人的、保险代理人的、保险公司各位股东的以及维修方的。软件开发商可能要考虑最终用户、购买者、IT 管理人员和公司领导层的目标成果。医疗产品和服务的制造商应当考虑病人、医护人员、医院管理人员、购买团体、保险公司、员工、医保和其他政府部门的目标成果。企业只要对这些信息进行收集整理和分析，就可以发现各要素中存在的市场机会，然后对各要素输入的重要性进行排序。

小结

在形成创新策略时，企业要考虑几个因素。首先，企业必须明确它们将要开启什么类型的创新：产品或服务创新、新市场创新、运营创新或是破坏式创新。企业要根据所处的市场环境做出选择。

企业还要明确哪些任务需要解决，以及企业的目标是当前的消费者还是非消费者。这时企业又会面临四种选择：帮助消费者更好地完成任务、帮助消费者完成更多任务、帮助非消费者完成一项已经在做的任务或者帮助非消费者完成一项没有人做过的任务。尽管依照常规，大多数企业会选择帮助消费者更好地完成某一具体任务，但其他三个选项中往往蕴含着独特的市场机会。

企业还要决定价值链上的哪个环节才是它们关注的重心。企业可能会有不同的目标客户：最终用户、购买者、渠道合作伙伴、原始设备制造商或是价值链上的其他方。在选择焦点时，企业常常会犯三种错误：它们选择了错误的客户，即把最终用户排除在外；在应当考虑多种要素时排除了重要用户；在收集用户需求时使用二手信息。

在企业弄清楚客户想要什么之前，首先要确定它们要为谁创造价值，如何创造价值。一旦这些问题被解决，就可以开始收集数据。

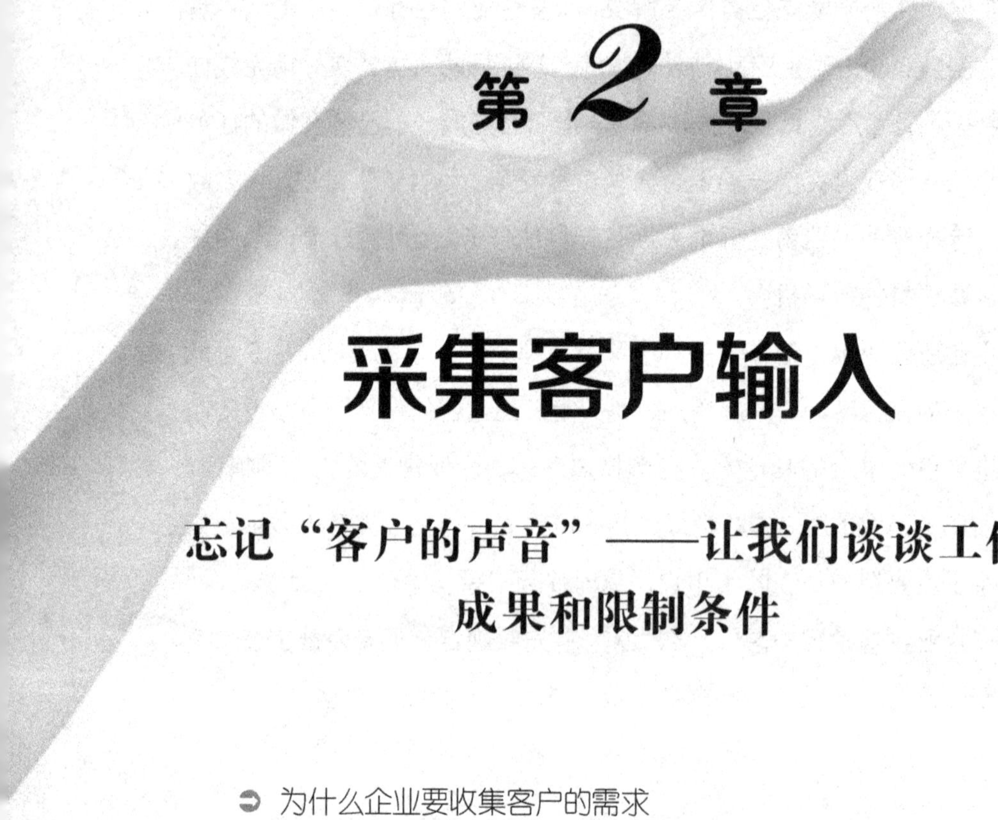

第 2 章

采集客户输入

忘记“客户的声音”——让我们谈谈工作、成果和限制条件

- 为什么企业要收集客户的需求
- 收集过程中会出现哪三大问题
- 企业通常从客户那里收集什么类型的数据
- 什么样的客户输入能够使企业的创新过程可控
- 企业应该使用什么方法收集所需信息
- 企业如何知道该采集三种客户输入中的哪一种

成果导向型创新的第二步：为发现市场机会和生产有价值的产品和服务而收集必需的客户信息。换句话说，就是收集客户的“要求”。获得正确的客户输入对于成功来说至关重要，因为它可以在接下来的步骤，即从发现机遇，一直到产品评估和定位中减少变量，提高创新的系统性和可预测性。如果使用传统的方法倾听“客户的声音”收集信息，我们很少能获取到我们真正需要的信息。因此我们需要新的思路，新的方法，而这些正是这一章要讨论的主题。

为什么企业要收集客户的需求

企业如果要创新，就必须创造出相应的产品和服务，使用户可以更快、更好、更方便或是以更低的成本完成某一工作。要达到这一目标，企业需要知道客户想要实现什么成果（他们用什么标准衡量工作的完成情况），以及什么样的技术、产品和性能能够最大限度地满足那些目前还没达到的成果。

记住，我们谈的是获取客户的需求，而不是收集客户对某个产品或服务的创意、理念或是雏形的意见建议。后者更倾向于创意评估而不是获取需求。更确切地说，我们谈的是弄明白客户在完成工作后使用什么标准衡量价值，以及我们如何在设计、评估产品之前获取这些信息。在我们所提倡的成果导向型创新范式中，企业获取必要的客户信息，并以此为指导，创造出有价值的产品或服务。也就是说，企业创新不再依靠头脑风暴，也不需要对每一个创意进行检验，询问用户最喜欢哪一个。但是后面这种方法却是广为流行的，也是很多情况导致产品失败的原因。

收集过程中会出现哪三大问题

尽管这些年来，客户需求收集过程已经改进不少，但仍存在着三大问题。

第一，我们仍然缺少一个对“需求”的标准定义，尽管客户驱动型创新已经发展了 20 年，在这 20 年中，企业也一直在努力理解“客户的声音”。企业在谈论客户需求的时候，它们关心的是用户的需要和诉求，是解决方案、好处、创意、结果和具体要求，它们常常会用这些词彼此替换。很多经理人可能会认同这样的说法：创新的目标就是定制一项产品或是服务，如果客户依照个人的标准，认定该产品或服务是有价值的，就可以说这次创新是成功的。那么真正的问题就是：客户用什么标准去衡量价值呢？

直到今天，无论是企业、学术机构还是其他机构，都没怎么在这些方面花心思，它们并没有在客户提出要求时明确客户应当提供哪种类型的信息，也不知道产品开发小组和营销人员需要什么类型的信息，才能提高研发、产品定位和销售的效率。

所谓需求，就是客户想要什么，或是需要什么，所以我们可以说，解决方案、具体要求还有能带来的好处都可以认为是需求，然而，对于公司来说，某些类型的信息要比其他信息更有价值。为了使创新过程更加清晰、客观，我们首先要创造出一种通用的语言，它要适合描述各种关于用户需求的信息。

第二，企业总是自欺欺人，以为它们已经从客户那里获得了它们所需的信息，但实际上它们并没有。在我们进行的一项研究中，我们与来自各行各业的 270 位经理人进行了沟通，他们有来自大型企业的，也有来自中小型企业的。我们发现受访的市场经理和开发经理中，72%的人对他们所在公司获取客户需求的能力表示满意。由于抱有这种想法，很多经理人难以接受他们创新失败的根本原因，即企业并没有获得成功创新所需的正确的客户输入。确实，在过去的 20 年里，我们所有研究都表明企业在创新过程中使用的客户输入和它们真正所需的信息有着很大区别。企业在收集信息时，会假设客户的表述就是它们成功创新所需要的信息。然而很遗憾，这种假设是完全错误的。事实上，这些道听途说的输入常常会产生经理人不愿看到的结果。

正如我们所看到的，“倾听客户的声音”这一创新方法充满了不确定性。通常，在收集用户需求时，企业为了弄清客户的需要或是要求，它们会与客户面对面沟通，或是对客户进行观察。从客户的角度来说，他们非常愿意分享他们的想法，但是他们并不清楚企业创造有价值的产品需要什么类型的信息。更糟糕的是，企业代表对企业需要什么类型的信息也几乎一无所知，所以他会让客户使用他们觉得方便、舒服的方式进行描述。然后，企业代表和企业就理所应当地把客户的表述当作创新输入。接下来，营销和开发人员把客户提供的那些不够精准的表述转化为“有用的”输入，这样，已经值得怀疑的客户反馈就更加可疑了。

在我们与那些世界领先的制造商和服务商共同工作的过程中，我们发现客户往往倾向于描述以下四类信息（而经理们也往往喜欢捕获这四类信息）：解决方案、设计规格、客户要求和能为客户带来的好处。确切地说，这些确实都是客户需求。其中一些信息对于某些商业目的可能更有用，然而这类信息中并没有一种能够帮助企业成功地创造出新的产品或服务，或者帮助企业将创新活动转化为系统可控的商业活动。

第三，企业把大量的时间花费在研究使用何种方法才能获得用户信息，而不是关注如何才能获得正确类型的信息。在客户驱动型创新中，企业普遍选择一对一地进行沟通，关注某些特定人群，组织参观或者进行情景、人种学或者人类学研究，以此来理解“客户的声音”。实践派和学术派甚至为哪种方法更有效而争论不休。然而，事实上，在这个过程中，收集方法并不重要，更重要的是收集哪些类型的信息。以上的方法都能够收集到我们所需要的信息，但只有在企业知道要获取哪些类型的信息时，这些方法才会奏效。

企业通常从客户那里收集什么类型的数据

在收集客户需求的过程中，企业常常会关注以下四种类型的信息。

解决方案

很多客户在描述需求的时候，会采用针对某个问题提出解决方案的方式。他们会描述他们希望在产品或服务中看到的外观上或是明显的功能特性。比如，他们可能会告诉剃须刀制造商，希望剃须刀能带橡胶手柄或是刀头上有润滑条。这样的表述都是针对客户面临的问题提出可能的解决方案。但是大部分客户都不是技术专家，也不是工程师或者科学家。他们并不总是能想出最佳方案，这意味着如果按照他们的建议定制产品或者服务，那么最终可能会使他们失望。再者，客户们也不清楚他们要求的功能特性会如何影响该产品或服务其他可能更重要的方面。所以他们可能最终并不喜欢企业按照他们要求生产的产品。类似的客户反馈还会阻碍企业深入探寻客户的需求，从而使企业无法创造出突破性的产品和服务，而只能跟在别人后面做类似的产品。

但并不是说企业不应当考虑客户的意见，它们确实应当考虑。但是在收集客户需求时，经理人必须努力寻找客户使用何种标准衡量产品或服务的价值，而不是他们对产品或服务本身的意见。比如说剃须刀制造商要意识到用户要求在剃须刀上装上润滑条，其实是希望“尽量避免刮胡子的时候割破皮肤”，而润滑条只不过是满足这一要求的方法之一。

设计规格

客户常常会关注产品的具体规格，然后告诉企业代表详尽的设计要求：大小、重量、颜色、形状、外观或者感觉。剃须刀的使用者可能会要求“手柄做得再宽一些”、“剃须刀再轻一点”或是“要流线型的”。如果企业接受了这些输入，就是假设客户知道最佳的解决方案，然而事实往往不是如此。例如，用户希望剃须刀的手柄再宽一些，是希望避免在刮胡子的时候剃须刀从手中滑落。加宽的手柄设计可以解决此问题，然而更好的解决方案可以是手柄仍然保持正常尺寸，但采用条纹设计的橡胶手柄。尽管在某些情况下，提出具体的设计规格可能是合理的（比如政府向其承包商提出要求），然而从本质上说，企业如果接受客户提出的具体要求，就会阻碍企业的工程师和设计师运用他们自己的创造才能去创造突破性的产品和服务。

需要

客户的需要往往是用高描述性的语言对产品或服务的整体质量表达的，通常是一些形容词，而从本质上来说并不能给客户带来具体的好处。例如，客户总是说他们想要“可靠、高效、耐用或者多功能的”产品或服务。剃须刀用户希望他们使用的剃须刀“耐用、动力十足”。尽管这种简单描述确实表明了一些客户想要的产品特性，但是它们都存在一个主要问题。这些描述都不够精确，对于设计者、开发者和工程人员来说无法对这些语言进行转化，他们无法确定客户所谓的“耐用”或者“动力十足”到底是什么意思。如果我们要求工程人员设计出更加“耐用的”剃须刀，他们可能会试着延长刀片的使用寿命、增加抗弯性或是尽量降低其在潮湿环境中的磨损，这三种解决方案是否能够满足客户对“耐用”的评价标准？

因为这些输入是不准确的，因此导致了太多的变化空间。它们常常会导致营销部门和开发部门的误会和摩擦。营销部门认为它们向产品开发人员提供的就是客户要求，而开发部门认为它们收集到的信息都没有什么价值，至少从开发者的角度来说是这样的。良好的客户输入必须是精准的、可操作的，并且是可预测的。

好处

客户常常会用产品能够给他们带来的好处来描述他们希望新产品或新服务所拥有的价值。他们常常会用这样的词汇描述，如“更方便操作”、“更快”或者“更好”。剃须刀用户可能会希望“更好用”、“清洁起来更容易"，或是"刮得更快"。这种描述对于营销宣传可能是有用的，但是，这种语言对设计者和工程人员来说是模糊的，没有办法进行衡量，也没法操作。

举例来说，我们曾对摩托罗拉的手机用户进行了一次调查。我们发现用户对"好用"有21种不同的定义。用户想要的成果包括"减少找电话号码需要花费的时间""避免不小心碰到键盘而拨出电话""不看键盘就能拨号"等。在上述情境中，"好用"的含义都不一样，而对应的设计者要提高或是增加的产品功能也不一样。如果不能清楚地知道用户描述的含义，以及客户最看重产品的哪些方面，企业就可能弄错改进市场机会，制定错误决策。

经理们必须清楚他们在"倾听客户的声音"时获得的是哪种类型的信息。很多企业获得了各种混杂的信息还毫无察觉，并试图把这些客户输入全部用上，最终只能导致混乱。很多经理人意识不到的是以上这些类型的客户输入都不能给开发者、工程人员、影响者（营销概念，社群中具有影响力的人）以及其他员工任何他们研发产品或服务所需要的信息，同时，这些客户输入也无法保证创新过程是可预测的。我们将会展示给各位，客户驱动型不足以保证创新成功，企业必须转变思路，进行成果导向型创新。

什么样的客户输入能够使企业的创新过程可控

想要成功地进行创新，企业必须掌握三类不同信息：客户想要完成什么任务，或者进行什么活动；客户想要达成什么成果，也就是客户使用什么标准衡量任务完成的是否顺利；阻碍客户使用新产品或服务的制约条件。这三类信息代表了企业创造新的客户价值的主要方法：企业可以通过帮助客户完成辅助任务、新任务和更多任务创造重要的新客户价值，或者通过提高客户对某一具体工作完成的满意度，再或者通过帮助客户解决工作中的困难。例如，手机制造商可以通过增加导航或在线游戏功能实现盈利增长（这两种都是辅助任务），或者通过减少充电时间或者减少通话时用户不小心按错键的可能实现增长（这两种方式使用户更加便利地完成某项任务），此外，制造商还可以通过扩大服务范围实现增长（解决用户使用中的困难）。接下来让我们对这三种信息进行更仔细的讨论。

需要完成的任务——实现增长的关键因素

无论是新市场还是已有市场，客户（个人或是企业）都会有任务需要定期完成。为了完成这些任务，客户需要找到有用的产品或服务。例如，每天刮胡子的人可能会去买剃须刀刀片和剃须膏，或者他可能会去买一个电动剃须刀和须后水。类似的，想要脱毛的女性可能会买脱毛膏和蜡纸。再举一个例子，比如一个人想提高家庭财务安全性，可能会去买保险，或者去签期权合约，以减少财务风险。在上述例子中，客户都想获得特定的产品或服务，从而完成某一具体任务。

了解某一产品或服务针对什么任务是企业和产品成功的基础，当然也是客户成功完成某一任务的基础。然而，还有一些潜在的增长市场机会并不是这样显而易见的，如果你能知道客户除了主要任务，还想完成什么其他辅助性的或者相关任务，那你就能发现那些更加细微的机会。

比如使用剃须刀的用户可能不仅想清理胡须，他们还想要“保湿”的功能，或者“预防皱纹和老年斑”的功能，也可能是“快速止血”的功能。听 MP3 的人可能不仅想听音乐，他们还想知道歌词，了解歌手的更多信息，或者在这位歌手来到当地演出时收到提醒。

突破性的产品和服务往往就是针对这些辅助功能和相关任务的。比如苹果的 iPod，它不仅是一个可以让人们听歌的可移动设备，还支持用户（合法）下载音乐，以及管理他们的音乐库。虽然 iPod 比其他品牌的 MP3 价格高，但苹果还是快速占领并统治了可移动设备市场，苹果的方法就是将互补的产品和服务结合起来，同时帮助用户完成除听音乐以外的其他目标。

同样，一些饮料公司的产品不仅解渴，还提供维生素、营养物质，甚至果蔬，帮助他们提高大脑表现或是身体机能。SoBe、红牛，以及酷乐仕维他命水在帮助客户解渴之余，都实现了客户想要的其他功能，比如提高注意力、帮助身体运动后快速恢复以及保持清醒。目前，这三种饮料和其他类似的功能性饮料在全美的销售量非常可观。

客户往往想要同时做几项工作，而企业的产品或服务则倾向于处理单一任务。在完成主要任务的同时增加辅助功能需要企业增加新能力，有时甚至需要和其他企业联合，而企业可能认为它们还没有准备好这样做，无论是从财务能力上还是文化基础上。发展新能力可能需要不同的技术以及更多的资金投入，然而在一定环境中，企业如果能够满足用户所有的任务需求，那么企业可以借此获得巨大收益。

我们发现在一定情况下，客户通常想要完成以下三种任务：功能型任务、个人型任务和社会型任务（后两种是情感型任务），如图 2.1 所示。例如，在买车的时候，女人希望买车能接送孩子（功能型任务），可能还会想要获得一种成就感（个人型任务），同时希望引起他人的注意（社会型任务）。一位母亲为她的孩子举行舞会，她可能会想负责舞会的安排工作（功能型任务），但她可能还想让她的孩子感受到她对孩子的爱（个人型任务），或许还希望得到其他母亲的认可（社会型任务）。功能型任务指的是人们想要完成的任务，个人型任务是指人们在某种环境下希望获得的感受，而社会型任务则解释了人们希望在他人心中树立的形象。这些都和创造客户价值有关，企业也应当把这些内容纳入信息收集工作中。

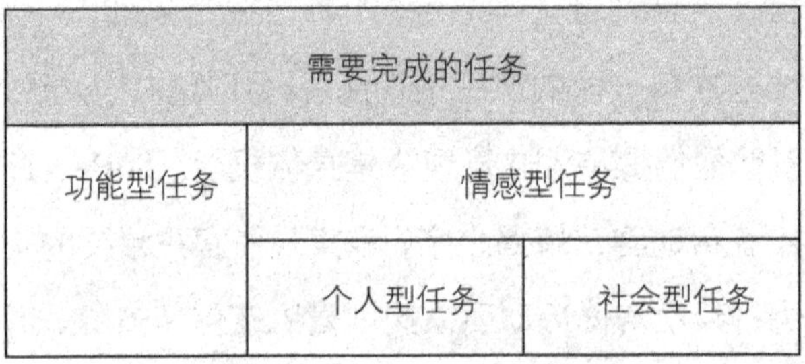

图 2.1　客户任务的类型

期望成果——推动创新的标准

客户想要完成更多的工作，但同时他们还想要以更快的速度、更高的质量或是更低的成本完成某项具体工作。为了清楚地知道“更快”、“更好”意味着什么，企业必须能够从客户那里获取一系列的衡量标准，即客户是如何定义他们想如何完成任务，以及如何才算做到极致的。这些衡量标准就是客户的期望成果。[①]

让我们沿用上一章提到的圆锯的案例。博世公司发现客户想要实现以下成果：

- 最小化圆锯开始工作时后坐力的值。
- 提高刀片一开始就能精确地沿切割线切割的可能性。
- 最小化切割时看不到切割线的时间。
- 最小化圆锯在切割面上保持平稳所需要的压力值。
- 最小化刀片护罩挂住切割材料的可能性。
- 最小化切割过程中线缆卷入切割路径的可能性。
- 最小化线缆（电源插头）被切割材料卡住的频率。
- 最小化检查刀片位置的频率。
- 增加一个刀片可以切割的次数。
- 最小化桌面不平整对切割带来的影响程度。
- 最小化圆锯产生的灰尘和碎屑的数量。

博世从客户那里收集了大约 80 个客户想要达到的目标成果，而这些只是一小部分。对于大部分的客户任务来说，即使一些很琐碎的任务，通常也会包含 50~150 个目标成果。企业必须从客户那里获得全部关于目标成果的信息，因为你永远不知道你的产品或服务目前还不满足哪些成果。

成果导向型创新和六西格玛设计类似，都是用来改进企业内部商业

① 安东尼·W·尤利维克. 将客户输入转化为创新［J］. 哈佛商业周刊，2002（1）：91-97.

流程的。对于每一个商业流程，都有一系列标准来衡量这一流程是否是成功的。经理人掌握了正确的衡量标准，久而久之，就可以在整个商业项目中控制变量，确保执行效果。同样，对于每个想要完成的任务，客户在使用某个产品时，都有一套标准来衡量任务的完成情况。如果根据客户的个人标准，这项任务完成得很好，那么客户就会认为这项任务完美地完成了，也会对使用的产品多一点关注。

然而，改进企业内部的商业流程和帮助客户更好地完成任务有两点不同。第一，我们在说创新的时候，企业需要收集的是与客户的目标任务相关的衡量标准，而不是客户需要完成的内部流程。第二，这些衡量标准必须是由客户而不是公司内部人员指定的。这就是症结所在：客户不会主动分享他们衡量产品或服务价值的标准。所以，经理们需要在与客户的交谈中有意识地加以引导，提炼出客户的目标成果。尽管这与传统的收集客户信息的过程大不相同，但也不是不可能做到的任务。受过训练的企业代表能够从客户那里获得客户的目标成果，无论这些数据是如何采集的——是通过个人或者集体采访，焦点小组还是人类学研究。事实上，一般来说，1 小时的面试可以从一位客户那里收集 20~30 个目标成果。这些收集上来的成果（共计 50~100 个）就代表着成功完成某一任务的标准。这对接下来的工作意义重大：如果企业知道它们的客户是如何衡量产品价值的，它们就可以运用这些衡量标准对任何产品概念（产品创意或者设计）进行评估。我们在后面的章节中也会提到，企业根据这些标准就可以对产品的客户价值进行量化，从而可以预测哪些产品创意会成功，而哪些会失败。

在我们开始收集目标成果之前，我们经常会分析生产该产品的工序，从而弄清楚我们应当收集哪些方面的客户信息。这样做能让我们对客户的价值模型有更清楚的认识。在博世圆锯的案例中，锯木头这一任务被分解为不同的工作步骤，包括规划切割路线、调整圆锯以及开始切割等，如图 2.2 所示。

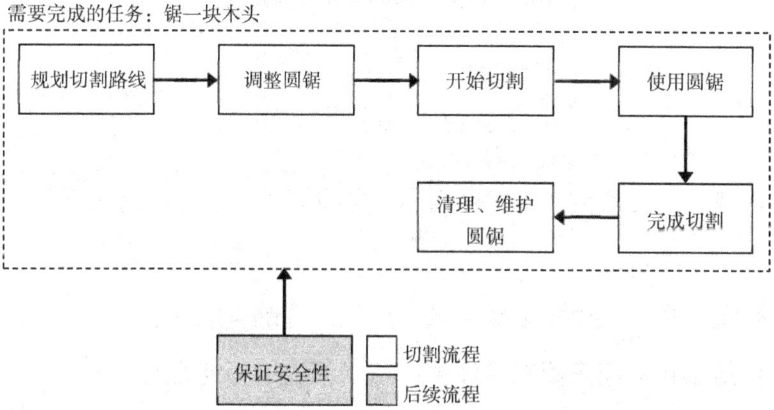

图 2.2　客户价值模型

想要充分实现客户的价值模型，经理们必须知道任务每一个步骤具体的目标成果，以便开发部门和营销部门在接下来的创新流程中使用这些信息。目标成果（见图 2.3）通常交代了产品的改进方向（降低或是提高）、一定的测量单位（数据、时间、频率、可能性），还表明了客户想要实现的成果是什么。

罗门哈斯发现房屋油漆工人有近百个目标成果，包括：

- 最小化超量购买后浪费的油漆量（在完成一项工作后剩下一些油漆，却又不能用来做其他工作）。
- 最小化保护周围平面（如窗户框、护壁板、电气设施等）所需的时间。

- 最小化刷漆前修复墙面疵点（如裂缝、小洞和墙面凹陷）和堵缝需要的时间。

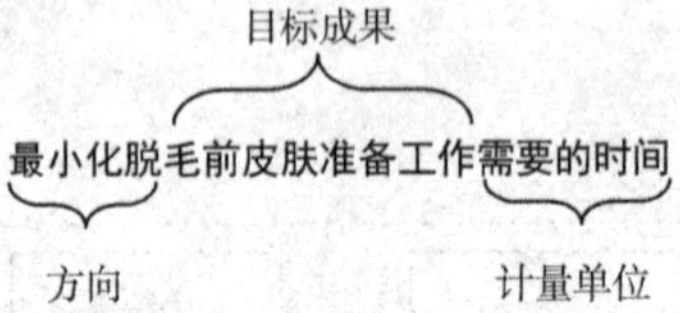

图 2.3　目标成果分析

- 最小化油漆倒入另一个容器（如搅拌机、小桶或是喷枪）时产生的浪费量。
- 最小化油漆过多沿墙面流下产生痕迹的可能性。
- 最小化油漆滚筒在涂漆面上留下痕迹的可能性。
- 最小化覆盖涂漆面原有颜色需要的涂漆层数。
- 最小化油漆晾干时粘住其他杂质（如飞虫、泥垢、其他颜料等）的可能性。
- 最小化移除纸胶带时破坏新涂漆面的可能性。
- 最小化清理痕迹（如指纹、蜡笔标记、擦痕）时破坏新涂漆面的可能性。

你会注意到这些目标成果都是从“最小化”开始的。多年以前，我们曾试着用不同颜色以及各种单词组合来表达“最小化”的含义，如“减少”、“消除”和“防止”。然而当我们请客户对具体成果的重要性和满意程度进行打分的时候，我们发现不同的词对分数会有影响，从而引入了不必要的变量。例如，客户可能会认为“最小化浪费的油漆量”是非常重要的，但他们可能认为“消除浪费的油漆量”就没那么重要。“消除”和“防止”这样的词意味着零，而在现实中可能不需要那么严格完全消除。为了避免这种不必要的变量造成影响，我们在描述目标成果的语句中设定了两个词：最小化和增加。

如果企业获得了正确的目标成果，这些成果往往是稳定的，并不随时间而变化。这与其他类型的客户需求不同。例如，20 世纪 50 年代，人们刷牙的时候希望能够最小化清洁口腔内最难够到的地方的时间和牙龈发炎的可能性，这和我们现在想的是一样的，未来也会是这样。目标成果具有这样独特的稳定性是因为它们是目标任务固有的特性，是基本的衡量标准。只要客户想要完成目标任务，这些目标成果就是有效的衡量标准。因此，企业如果能够弄清楚客户想要完成什么成果，那么无论是在短期的还是长期的创意生成和科技研发方面，企业都能够保持正确的方向。

完整的客户价值模型确定了客户在目标任务的每一个步骤上想要获得的成果。大多数情况下，成功完成一个步骤要实现十几个成果。在博世的案例中（见图 2.4），锯木头的任务被分解为不同的步骤，每一步都有一系列的目标成果。这些成果加起来就是完整的客户价值模型，它们都是衡量一个任务完成情况的标准。

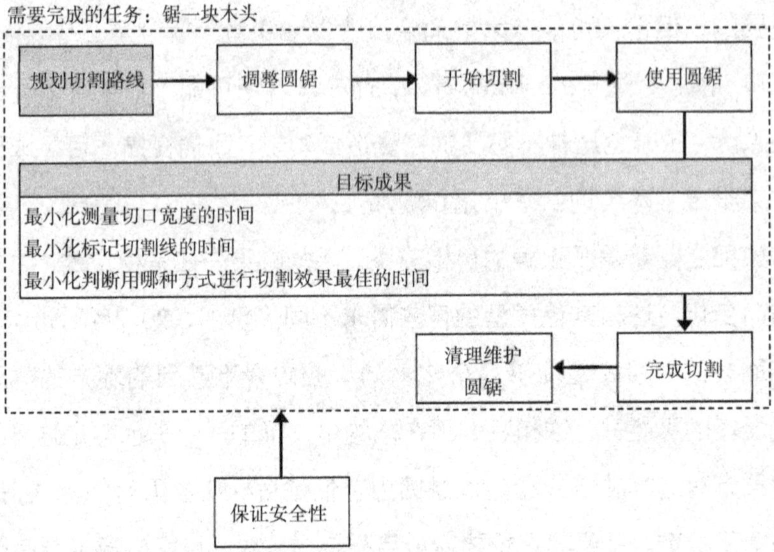

图 2.4　客户价值模型：目标成果举例

限制条件——成功的拦路虎

除了希望完成更多任务，或者更好地完成一项任务，客户还会面临很多限制条件，以致他们根本不能完成某项任务，或者在一些情况下无法顺利完成任务，这时，客户也会需要企业的帮助。这种限制条件实际上往往是由于规章制度或环境原因造成的。企业如果能够针对这些限制条件形成对策，就可以发掘出极好的市场机会。

让我们来看看罗氏的案例。2001 年，罗氏公司超过强生 LifeScan 公司，这是因为罗氏发现并解决了一个阻碍客户完成目标任务的关键问题，那就是糖尿病人在家使用血糖仪监测血糖时会遇到困难。病情严重时，糖尿病人常常会出现手抖和视力模糊，在这种情况下，病人无法准确地将血样滴在试纸上，放进仪器中读数。在他们最需要使用血糖仪时，他们却没有办法使用。

这一问题给了罗氏一个机会。1998 年，罗氏推出了 Accu-Chek 血糖仪。使用这个产品，病人不再需要把血样精确地滴在试纸上，也更容易把试纸放进血糖仪中，即使在发病时也可以轻松读数。于是，两年间，罗氏的市场份额从 28%扩大到 45%，成为血糖仪市场上的佼佼者。

企业应该使用什么方法收集所需信息

关于获取客户数据的最佳方法，实践派和学术派长期以来争论不休。一些人追捧 1 对 1 的采访和焦点小组的方法，而另一些人则更倾向于人种学和人类学研究，或是观察性研究。正如我们此前提到的，选择什么方法收集数据其实并没有那么重要，而更重要的是知道你需要从客户那里获得什么类型的信息（任务、成果和限制条件），然后有针对性地获取这些信息。你仅仅需要知道你要找什么！我们曾代表多家公司做过许多项目，在这些项目中，我们使用了各种方法，包括有个人采访、小组采访，以及一些观察性研究（跟着客户到处转转）。一些企业更倾向于某一种方法，例如，财捷集团选择了人种学的研究方法，因为通常，它们首要考虑的并不是客户要做什么——对于这些人来说，这是显而易见的。通过观察和向客户提问能够帮助它们获得需要的客户信息。而诸如惠普、微软一类的软硬件公司和服务型产品公司，则结合了各种方法收集客户需求。

让我们仔细研究一下收集目标成果会对我们的创新工作有什么帮助，以美国国际集团(American International Group,AIG)为例。AIG 是一家全球性的保险公司和金融服务机构，总部位于美国。AIG 选择通过个人采访和小组采访的方法获取用户的目标成果。四周的时间内，AIG 对 30 位使用 AIG 服务或其竞争对手的服务的保费筹资机构客户进行了采访。AIG 的企业代表重点关注了建立和管理保险账户的相关问题。他们询问这些机构代表，在他们获得报价、准备协议、获得理赔、管理逾期付款账户、支付保费、恢复保单时分别想实现哪些目标。为了获得客户的目标成果，AIG 的企业代表请这些客户回想一天中他们经历的上述每一个环节，比如，他们在收到各保险公司不同的报价时是如何考虑的？为什么一家的报价会比另外一家好？两家的服务哪里不同？最佳的服务报价又是什么样的？

通过进行这种有针对性地采访，AIG 促使客户揭示出他们的目标成果。和大部分的客户一样，这些机构代表在描述他们的目标成果时，并不按照我们上面提到的那种格式。他们可能会说："我不喜欢花半天的时间为一位客户恢复保单，而他之前不小心取消保单是因为他把账单寄错了地址。"听到这种表述后，企业代表可能会说："那么我们可以说，如果你能够最小化恢复不小心被取消的保单的时间，你的工作情况会得到改进。"机构代表如果认为这是他的目标成果，他可能会回答："没错"，否则，他可能会说，"不，我就是希望投保人不会再不小心取消保单"。这时，企业代表可能会说，"所以你希望最小化投保人不小心取消保单的可能性"，然后确认这种描述是否正确。

AIG 的企业代表是这样收集客户的目标成果的：在会话中，他们将描述目标成果的语句直接输入电脑，然后即时请客户确认这种描述是否准确、完整，这样就避免了在采访后整理大量资料再进行转录的繁复工作。每一段会话可以收集 3~4 页的目标成果，按照成果、任务或限制条件进行分类。一旦有不清楚的地方，企业代表会立刻和客户核实确认，确保在完成收集工作后不需要再对这些语句进行修改或者添加。在几轮会话之后，所有目标成果汇总在一起，删除副本，只保留最终版本。最后，AIG 会获得大约 75 个目标成果，表明了其客户在建立和管理账户时是如何衡量价值的。接下来，经过量化之后，这些信息被优先处理，并且被用来指导创意生成和概念评估工作，最终形成了一种基于网络的新服务，大大提高了这些代理机构的工作效率。2003 年下半年，这种新服务开始推广，其中富于创新精神的服务特色帮助 AIG 获得了许多新的商业机会。

企业如何知道该采集三种客户输入中的哪一种

在收集客户输入的过程中，或许最大的挑战就是预先确定在某些情况下要收集哪一类型的客户输入。这时就会出现以下几种常见的情况。

如果企业目标是改进核心市场上一项现存的产品和服务，那么企业就应当将注意力放到帮助客户更好地完成一项工作上，然后收集与客户想完成的主要任务相关的目标成果。AIG 希望提升自己的服务，帮助机构客户更好地建立和管理账户，所以它们重点收集了 75 个与主要任务相关的目标成果，而不太重视挖掘其他辅助任务或者限制条件。这是因为尽管这些机构客户也有其他想要完成的任务，但是这些却与 AIG 没有关系，同时，因为代理机构必须为保费融资选择服务机构，因此在这个过程中并没有什么限制条件。

其他的情况可能稍微复杂些。如果企业创新的目标不仅是帮助客户更好地完成一项任务，还有帮助客户在同样情况下决定还需要完成什么任务，企业就必须在收集与某一具体任务相关信息的同时，收集客户感兴趣的相关工作。金吉达品牌国际公司想要“重新发明”香蕉，还想发掘出客户在吃零食时想做什么任务。金吉达着重研究了为什么人们在一天不同的时间里吃不同的零食，以及为什么他们希望零食能够包含一定的营养。金吉达发现很多人吃香蕉是因为饿，还有一些人吃香蕉是为了缓解腿抽筋的情况。而想要增肌的人则会选择富含蛋白质的食物，如坚果。那些想要经常吃零食的人则会吃无花果或梅干。知道了人们为什么吃零食，可以说，企业就知道如何改良香蕉了。

小结

开发部门和营销部门经理负责发现市场机会、细分市场、进行竞争力分析、生成创意并进行评估、形成知识财产、与客户沟通价值，以及衡量客户的满意度。为了成功地完成上述任务，经理们要依靠客户的反馈，这也就意味着客户信息收集工作是商业流程中最重要的一环。

然而在我们收集客户信息时，令人惊奇的是，我们却是如此不精确。“倾听客户的声音”——在过去的20年里，这句话一直是营销圈子中的不二真言。尽管客户驱动型创新确实创造了许多成绩，但是为了进行更加成功的营销和开发活动，必须让客户的声音安静下来。对于经理人来说，简单地将客户的反馈收集起来已经远远不够了。更确切地说，他们必须清楚地知道他们需要什么类型的信息，什么类型的信息才能建立起更加可靠的创新模型。（客户输入类型总结见表2.1）

表 2.1　客户驱动型创新输入 vs 成果导向型创新输入

客户驱动型创新——“客户的声音”			
解决方案	设计规格	需　求	好　处
某个需求或成果得到满足的方式；常常以产品概念或者产品或服务特性的方式表述。 例如，剃须刀的解决方案可能包括： • 三层刀片 • 橡胶手柄 • 润滑条 • 更强劲的动力 很少有客户有能力提出突破性的解决方案。如果按照客户的要求进行设计，常常会导致产品和服务的雷同	产品或服务的设计规范，例如，大小、重量、颜色、形状、外观和手感。 例如，剃须刀的设计规格可能包括： • 更宽的手柄 • 更轻的重量 • 线条流畅的外观 • 钛合金刀片 按照客户要求的规格设计产品是危险的，因为客户常常不能综合考虑全部设计因素，在各种设计方案的取舍之间也难以取得平衡	对质量的高描述性语句，常常使用一些形容词进行描述，如耐用的、可靠的、高效的、新鲜的、始终如一的、弹性大的。 例如，客户对剃须刀的需求可能包括： • 耐用 • 可靠 • 结实 • 强劲 客户需求的表述常常是模糊不清的，开发和工程人员从而无法确定要做什么才能创造出客户价值	客户用如“好用”一类的表述来描述他们希望产品具有的新特性或是新的解决方案具有的特点。 例如，剃须刀给客户带来的好处可能包括： • 可以用很久 • 刮得更快 • 手柄不打滑 • 价格更低 给客户带来的好处这一类表述往往是高描述性的语言，不能够为改进产品或服务提供精确的意见

成果导向型创新——任务、成果和限制条件		
与身体脱毛相关的任务	与该任务相关的目标成果	某脱毛产品的限制条件
• 避免皮肤干燥、起皮、脱皮 • 减缓皮肤老化，防止皱纹、色斑等的生成 企业如果能够帮助客户完成更多任务，就可以实现增长。了解哪项任务实施起来是重要的、困难的，能够帮助企业确定市场机会	• 最小化脱毛前皮肤准备工作需要的时间 • 最小化划破皮肤的可能性 • 最小化必须脱毛的频率 • 最小化皮肤不适的可能性 改进目前尚未得到满足的目标成果，帮助客户更好地完成某项工作，从而创造出新的客户价值	• 必须用一只手来使用产品 • 产品上不准使用镜子 通过帮助客户在某一情境中克服限制某项任务完成的限制条件，企业可以创造出新的客户价值

在大多数领域，经理们需要一种通用的语言进行议题讨论，创新也是如此。经理们要知道任务、成果和限制条件是创新需要的输入，而客户所说的解决方案、设计规格、需要和好处都会阻碍成功的创新，知道了这些，经理们就可以运用一种新的语言与外部和内部客户进行沟通。

使用这种通用语言——把目标成果转化为特定格式的语句，然后使用六西格玛的思路进行创新活动——这样经理们可以将创新转化为可控的商业流程。

如今，在任何一家企业，很少有员工知道客户想要完成的所有任务，也很少有员工知道客户想要实现的所有目标成果，以及他们在使用产品的过程中面临的所有限制条件。如果一家企业里，所有员工都知道这些重要信息，同时被鼓励、被准许使用这些信息创造客户价值，那么成长是必然的。

没有正确的客户输入，创新的过程只能是一项艺术，然而，那些知道需要寻找何种信息的经理人（同时也要知道忽略哪种信息）将会走在变革的前沿，他们知道企业如何才能控制创新过程。

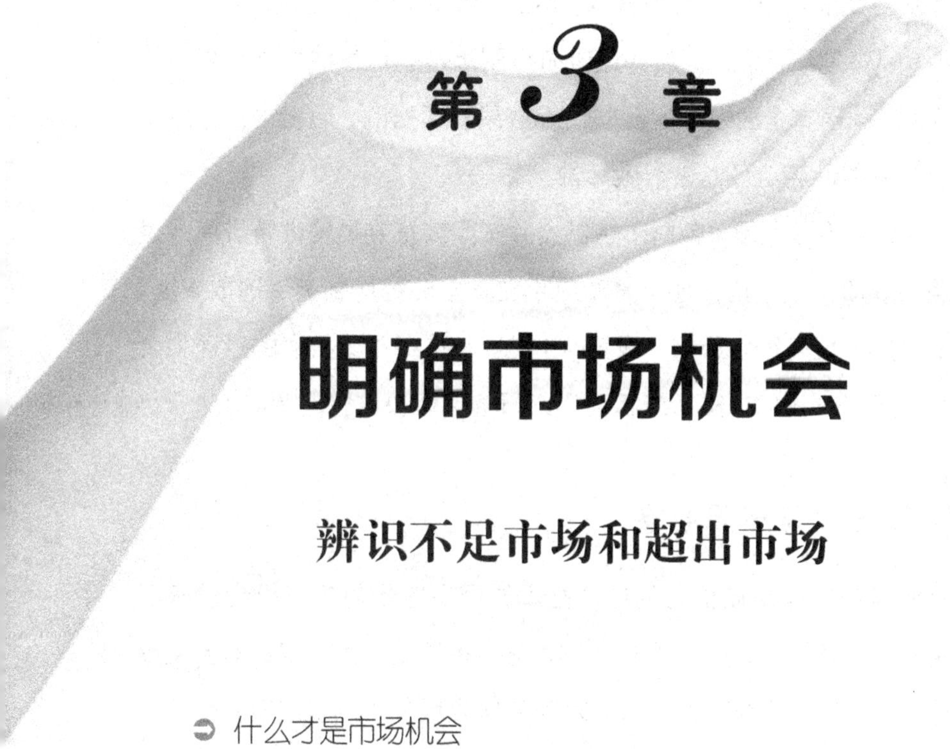

第3章

明确市场机会

辨识不足市场和超出市场

- 什么才是市场机会
- 在确定开发顺序时最常见的三种错误是什么
- 企业应当如何确定优先把握哪个市场机会
- 如何确定不足市场和超出市场
- 价值是如何随着时间转移的
- 在成果导向型创新方法下，如何进行竞争分析

成果导向型创新的第三个步骤是确定哪项任务、哪个成果及哪个限制条件背后蕴藏了最佳的市场机会和创新机会。想要成功地进行这一步，企业必须已经获取正确的客户输入，然后确定在那些任务、成果和限制条件中，哪些是最不足的，这些最没有得到满足的目标成果就代表着改进的空间，同时，企业要确定哪些目标成果是超出的，超出的目标成果可以削减成本，甚至可以进行破坏性创新。

企业常常会在发现、选择市场机会并按照其重要程度进行排序的过程中遇到麻烦，经常错误地将资源应用在一些已经得到满足的成果上，这种情况的出现有很多原因。确实，在发现和选择市场机会的过程中会遇到很多障碍。我们在第 3 章将会详细研究并解决这些问题。

什么才是市场机会

企业很难发现市场机会的一个基本原因是它们对市场机会没有明确的定义。市场机会，就像需求一样，有很多种定义的方式，其含义反而变得模糊。例如，经理们在讨论发现某些领域的市场机会时，往往指的是发现一些新思路、新技术或者客户想要的新的解决方案。举例来说，一个剃须刀制造商可能会认为在剃须刀上加第五层刀片会是一个绝佳的市场机会。（它们什么时候才会停止往上加刀片呢？难道现在的还不够吗？）企业认为这种解决方案为企业提供了市场机会，但事实上，这种思维方式太落后了。

在成果导向型创新中，市场机会指的是当前未被满足的成果、任务或是限制条件。而所谓未得到满足的成果，也就是不足成果，则是指客户想要实现的成果，但考虑到他们可用的工具，他们还不能完满地实现他们想要的成果。这些不足成果就是客户想看到改进的地方，也是他们认为可以增加额外产品价值的地方。例如，一个圆锯用户认为最小化圆锯锯歪的可能性很重要，而目前尚未完全实现，那么在企业收集的与锯木头相关的 50~150 个成果中，这个不足成果就是一个改进之处。

不足任务是指客户使用现有的产品不能很好地完成工作，它代表了发掘潜在的新的市场机会。通过发掘不足的辅助任务或是相关任务，以及通过确定客户一般来说想要完成什么任务，企业可以发掘出与任务相关的市场机会。比如说，如果在脱毛时，防止皮肤干燥是重要的任务，但同时尚未得到满足，客户可能会选择能帮助他们更好地完成这项任务的产品。如果企业确认人们想要在一觉醒来保持口气清新，那么这项任务背后可能是一个全新的市场机会。

不足限制条件的背后同样蕴藏着市场机会，因为它指出了限制客户完成某项任务的条件或是情况。

成果、任务和限制条件为经理们创造新产品或服务提供了可以量化的、明确的标准。这些标准代表了有效地增长和改进的市场机会与空间。博世圆锯曾经使用这种方法打开了北美圆锯市场，它们在一个非常成熟的市场中找到了十几个与成果相关的市场机会，其中有很多是它们之前并没有意识到的。这种敏锐的目光帮助它们创造出了一种非常具有创新精神、也非常成功的产品。

发现市场机会的第一步就是要明确什么是市场机会，这也是最为基础的一步。一旦能够对市场机会做出明确定义，企业接下来才能发现市场机会，并对所知的市场机会进行优先排序。

在确定开发顺序时最常见的三种错误是什么

通常，企业不能对市场机会进行有效地排序，这是因为它们缺少合理排序的方法。反之，一些企业只是关注那些容易完成的方面，而把难度大的放在最后，完全忽视了哪些才是最佳的市场机会。而另外一些企业重点发展工程人员觉得有意思的项目，或者营销经理认为重要的方面。在一些情况下，营销团队可能根据它们常听到的客户的需求进行排序，或者企业请领先用户帮它们做决定，即使其他的用户可能有别的优先需求。在其他一些情况中，可能是由企业的 CEO 或是其他重要高管确定优先发展的顺序（我们见到了太多这样的例子）。在上述这些情况中，企业一定会依靠某种观点、直觉或者猜测，因此，它们常常会出现三种常见的错误：第一，它们会瞄准已经得到满足的目标，从而做出不必要的改进；第二，它们可能会将不重要的成果当成目标；第三，它们可能会在改进某一方面时，不经意的影响一些其他更为重要的方面。

改进已经得到满足的方面。企业常常花费数年时间，发展一项能力或是市场上的一个优势，然后继续改进产品，发挥这一优势。例如，某打印机制造商目前生产的台式打印机，每分钟能打印的数量可不止 5 页、10 页，而是 50 页！毫无疑问，对于许多打印机的使用者来说，最小化打印一页所花费的时间是一项重要的目标成果，企业可以沿着这个方向改进，但这并不意味着它们应当一直沿着这个方向努力。人们会想要一台一分钟能打印 100 张的打印机吗？还是能够打印 30 张的就足够好了？客户们愿意为每分钟能打印 100 张的打印机多花钱吗？企业有一种倾向，就是在它们擅长的方面一直努力进行改进，哪怕相关的成果已经很好地满足了，甚至已经过分满足了。它们认为它们应该不断地完善产品的某一方面，毕竟它们因产品的这一优势而知名，俗话说越多越好，然而真的是越多越好吗？剃须刀制造商能将多少层刀片挤进一个剃须刀？手机多小才足够？我们的汽车多大马力才够？持续地对产品或服务已经满足甚至超出的成果作出改进，会增加不必要的成本，而真正的市场机会却得不到足够的资源进行开发，在这种情况下，产品就无法增加额外的客户价值。

改进不重要的成果。企业如果只是关注它们能够做什么，而忽视了它们应当作什么，那么往往它们就只能看到对客户来说不是那么重要的成果。任何在这些方面作出的改进最终只会被认为是没有必要的。这种错误不仅浪费时间，而且浪费资源。更糟的是，这可能给产品增加不必要的成本，反而降低了其竞争力。此外，因为资源被占用，真正能够创造价值、增加机会成本的不足成果却无法得到相应的发展。

改进一方面而给其他成果带来影响。很少有企业知道客户想要实现的全部成果，而往往，它们在一方面作出努力提高的同时，会在其他的重要成果上造成负面的影响。这点屡见不鲜，因为企业总是忙着倾听“客户的声音”。例如，经常出差的人可能想要手机更小，但是他们可能没想过小手机会多么不好用。木匠可能希望圆锯的重量更轻一点，但是他们没有想过圆锯的重量轻了，马力也会小，一些更困难的任务就没有办法完成了。客户在要求产品具有某一特性时，往往只考虑了一个方面，而不会考虑到他们要求的解决方案会对产品或服务其他的功能产生什么影响。在这种情况下，客户想要新的功能，但是等到他们拿到按照要求定制的产品，他们又会拒绝，因为他们那时才意识到他们提出的建议的后果——他们要求的新功能最终反而是没有价值的，因为它带来了更多的问题，和旧的产品相比，有新功能的产品反而价值更低，因而这是一个失败的产品。

企业必须清楚客户想要实现的所有目标成果，这样才能在设计新的产品和服务方案时，做出正确的取舍。要是企业一边改进产品，一边却根本不清楚这些改动会影响哪些其他成果，那么改进后的产品也会是失败的，尽管这种失败是企业不想看到的。

企业应当如何确定优先把握哪个市场机会

客户的目标成果可能有很多， 从中挑选出最有潜力发展的那一个至关重要，这是因为企业如果选择了那些不是很重要的成果，就会造成资源浪费。那么如何才能发现那些具有市场潜力的新产品或服务概念，合理排序，从而最好地把握市场机会？企业高管们每天都为这个问题烦心不已。来看看成果导向型创新范式提供的答案吧，极其简单！

我们发现，很多经理人都一致认为，重要的却未能得到满足的成果意味着可以改进的空间，也就是绝佳的市场机会，如果能成功地提高这一成果的满足度，就可以创造出有价值的产品和服务。因此，最佳的市场机会就来自客户非常看重、但是现有产品或服务不能满足的目标成果。接下来的问题就是，“区分好的市场机会和糟糕的市场机会，什么办法最有效”。为了解决这一问题，我们想出了一个量化研究方法，这一方法在过去 8 年中，经证实是非常准确的，而且是行之有效的方法。企业依照以下 5 个步骤，按照成果导向型创新的要求，将其面临的市场机会进行量化排序，确定优先开发次序：

1．准备调查工具（调查问卷）。问卷中需呈现出所有的工作、成果和限制条件，包括从客户采访中获取的，以及从此前问卷甄别部分和特征分析部分中获得的信息。

2．发放问卷。问卷发放对象应能够代表目标客户群，并且从统计学角度应是有效的数据。（样本容量通常为 180~600 人。）

3．请参与调查者为所有任务、成果和限制条件的重要程度打分，满分为 5 分（非常重要），最低为 1 分（完全不重要）。

4．请参与调查者为他们认为当前解决方案满足目标任务、成果和限制条件的程度打分，满分为 5 分（非常满意），最低为 1 分（完全不满意）。

5．对结果进行运算，确定哪些任务、成果和限制条件是尚未满足的，哪些是超出的。

市场机会指数的运算规则（见图 3.1）只是简单的数学运算，通过运算，我们可以发现在哪些方面进行改进是最有前景的。运算规则是这样的：市场机会指数=重要性+（重要性–满足度），其中，重要性与满足度的差值不能为负数。最终，最重要且满足度最低的市场机会即为最应当优先发展的市场机会。

$$重要性 + max（重要性-满足度，0）= \textbf{市场机会指数}$$

图 3.1　市场机会指数的运算法则

我们把每个成果的重要性和满足度输入上面的公式中，来判断市场机会指数。在表 3.1 中，我们列举了博世的例子，可能会帮助你理解这个公式是如何运用的。博世从木匠、屋顶修理工、电工和其他圆锯的使用者那里收集了很多成果，在成果 1 中，使用者对“最小化切割快结束时锯歪的可能性”的评分非常高（9.5），这意味着有 95%的受访者为这项成果的重要性打了 4～5 分。而对于这项成果目前的满足度，他们给的分数就低多了（3.2）。这一数据表明只有 32%的受访者给这一成果的满足度打了 4～5 分。把这两项数据输入到公式中，即[9.5+(9.5-3.2)]，就产生了这一目标成果的市场机会指数 15.8。目标成果 3——最小化切割时出现碎片的数量，受访者认为这一目标成果和目标成果 1 一样重要，但是这一项成果的满足程度却要高出很多（7.5 vs 3.2）。因此，目标成果 3 的市场机会指数只有 11.5，相对于目标成果 1 来说，其背后的市场机会要小很多。

表 3.1　圆锯的市场机会指数

目标成果	重要性	满足度	市场机会指数
1．最小化切割快结束时锯歪的可能性	9.5	3.2	15.8
2．最小化电缆卷进切割路径的频率	8.3	4.2	12.4
3．最小化切割时出现碎片的数量	9.5	7.5	11.5
4．最小化产生阻挡视线的碎屑的可能性	9.1	8.4	9.8
5．最小化调整倾斜角度所需的时间	5.1	1.0	9.1
6．最小化使用圆锯时被割伤的可能性	9.0	9.2	9.0

这套运算法则使得企业能够成功克服传统分析方法的局限，传统的计算方法只考虑了重要性和满足度之间的差距。在使用差距分析法分析时，比如，成果 2 和成果 5（两项重要性和满足度的差值都是 4.1）就代表了相同的市场机会程度。而使用市场机会指数分析法，就可以看到

目标成果2代表的市场机会要比目标成果5高出很多，因此，成果2更加重要。

在市场机会指数分析法中，必须要注意到，括号里的差值不能小于0。也就是说，满足度高不能削减成果的重要性。例如，一项目标成果的重要性是6.5，满足度是8.5，那么输入到公式中：6.5+（6.5−8.5）或者6.5+0，那么产生的市场机会指数结果应当为6.5，而不是4.5。在我们权衡考虑做出决策时，上述这些是非常重要的，因为我们必须确保重要的目标成果全部都进入到创意评估的过程中。这个计算方法从理论上可以获得0~20的结果（如果重要性和满足度都是0，那么市场机会指数为0；如果重要性为10，而满足度为0，则市场机会指数为20）。事实上，我们并没有遇到过这种极端的情况，因为在大多数情况下，不会出现一个成果完全不重要，或是一个非常重要的成果完全没有得到满足的情况。

对于许多批评家来说，我们的计算方法似乎太过于简单。此方法确实非常简单，但它是非常有效的。成果导向型研究和传统的研究方法之间一个重大的区别就是，前者重视对成果、任务的评估，而不是对解决方案的评估。对研究方案的评估方法往往牵涉很复杂的测算方法（如成对比较、平衡量表、比较量表、常数和量表、图解式评价量表等方法），因为我们需要对一些非常主观的因素（客户最喜欢什么样的解决方法）进行量化。然而在成果导向型创新范式的评估过程中，我们的目标不是指出客户最喜欢什么解决方案，而是弄清楚市场的哪些方面存在着市场机会，我们需要确定哪些任务和成果是尚未得到满足的，就像公式展示的那样，这是轻而易举可以算出的。而辨识哪些解决方法是应对这些市场机会的最佳方案，则是后面要进行的一个独立步骤，我们将在第 7 章和第 8 章进行讨论。

还有一些人会批评道，我们不能从重要性中减去满足度，这样就像是要从橘子中把苹果拿出来。有此说法的人，往往是因为客户驱动型的创新思路在他们的头脑里根深蒂固，在他们进行量化研究时，他们按照传统的方法对解决方案或是产品特性进行测试，而不是对成果、任务或是限制条件进行测试。在对解决方案进行评估时，他们的看法可能是正确的，然而当我们在谈论成果、任务和限制条件时，这种看法就站不住脚了。比如，我们问剃须刀用户："您认为，如果您能够最小化被割伤的可能性，这对您来说有多重要？"，"如果您想最小化剃须时被割伤的可能性，您认为，您现在使用的剃须刀在多大程度上满足了您的需求？"在我们这样问的时候，我们问的是对于某一客户来说，某一目标成果的重要性有多大，这一成果目前的满足程度又是多少。在这种情况下，我们可以让重要性和满足度相减，因为我们想要找到的是，哪些情况下一项成果是重要的，但是在其重要程度和满足程度之间还存在着巨大的差距。如果一项成果是重要却不足的，显然这就是一个市场机会。

会有人经常来告诉我们："想要精确地评估市场机会的优先程度，你们的样本需要达到 1 000 个，甚至更多。" 这些人并不认为我们只有 180~600 的人数是足够的，然而我们觉得这个样本数量是完全足够的。我们所有想做的就是从 50~150 个确定的目标成果中挑选出哪些是重要而未满足的，而哪些不是。我们并不是非常看重这些成果是否按照准确的顺序进行排序，比如排序第 2 的市场机会可能在发展排序时排到第 3 等等，这些真的并不是非常重要。而在我们确定市场机会（我们会在第

5 章进行讨论）时，企业可能会关注前 10 个或者更多的市场机会，从而包括所有重要的市场机会。当然，这并不意味着在其他情况下，更大的样本量是不重要的，比如当分析数据有很多分组时。

如何确定不足市场和超出市场

在我们获得了每项任务、成果和限制条件的市场机会指数后，我们要做什么呢？在经历过上百个项目之后，我们建立起一套有效的方法解读计算出的市场机会指数。这一公式揭示出互补的两类信息：市场的哪些方面是不足的，哪些是超出的。我们使用这些信息做出确定重要市场机会的决策，以及一些与资源相关的决策。

市场的哪些方面不足

一个好的市场机会往往出现在一个重要成果没有得到满足的情况时，也就是当这项成果的市场机会指数很高的时候。这种成果值得企业投入时间、人力和资源，因为客户会认识到满足这些成果的解决方案将是有新意的，而且是有价值的。鉴于高市场机会指数意味着更好的市场机会，我们制定了以下规则：

- 高于 15 分的成果和任务代表了不可忽视的绝佳市场机会，这个范围的数据体现在图 3.2 右下角的区域内。这一范围内的成果很少出现在成熟市场，而在新兴市场上比较多见，比如一些医疗设备的目标成果。企业也乐见这一范围内的成果，尤其是它们在寻找市场机会时。

- 得分在 12~15 分范围内的成果和任务就像是“长在低处的果实”，伸手就够得到。这一范围内的成果在许多市场上都是非常常见的，因为很少有服务和产品能够完美地执行每一项任务。下一章中涉及的市场细分的方法将会帮助你在市场的某些方面，揭示出更多在这一范围内的市场机会。

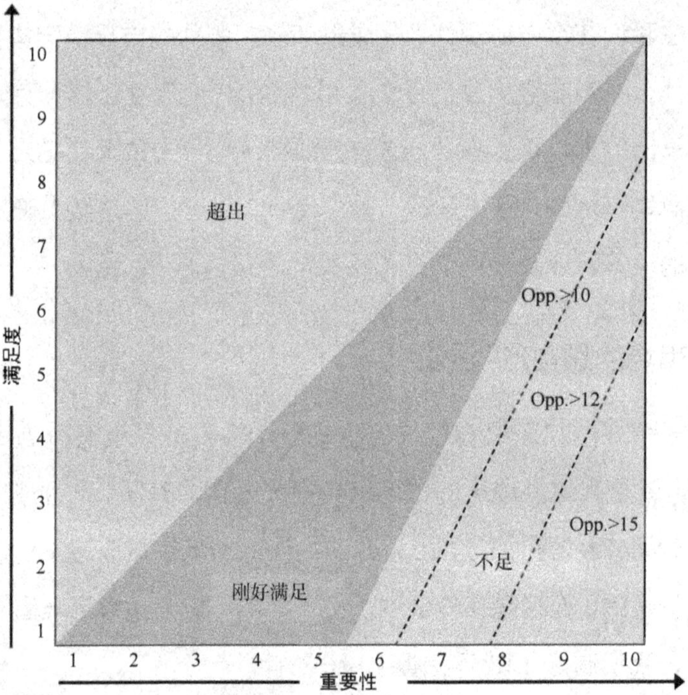

图 3.2　解读机遇指数

- 得分在 10~12 的成果和任务是值得考虑的，尤其是在市场广大的情况下，即使是在大多数成熟市场也会有很多市场机会。
- 得分低于 10 的成果和任务在大多数市场看来是没有吸引力的，

同时其回报也是递减的。然而，在一些功能性程度不高的市场上，如包装材料市场，这个范围内的市场机会仍然是值得考虑的，这一类的数据体现在图3.2左上角的区域内。

市场的哪些方面是超出的

和弄清楚市场的哪些方面是不足的一样重要的，就是弄清楚市场的哪些方面是超出的。有些成果和任务是不重要的，或者已经得到了满足，那么这些成果和任务背后就没有什么市场机会，因而企业不应当在这些成果和任务上浪费任何资源。在大多数市场上，我们很少遇到超出成果太多的情况，也很少遇到不停在超出成果上浪费资源的企业。我们说一个成果是超出的，那么它的满足度一定高于其重要性。在遇到这种超出成果时，企业应当考虑三种策略：第一，如果企业目前的工作包括超出成果，那么相关工作应当立即停止。在已经超出的方面做额外的努力只是浪费资源而已，而且很可能会增加产品的成本，却不能增加产品的额外价值。第二，如果在该市场中，降低成本是一个重要的考虑因素，那么企业应该通过在超出方面减少高成本的功能以降低成本。例如，我们可以改变一项成本为5美元的功能，成本降低一半，只实现当前功能的80%，可能企业是愿意做这种均衡考量的。第三，如果一个市场中出现了许多超出成果，那么企业可以考虑在市场中进行破坏性创新。这意味着削减多方向的成本，而创造出一个低成本的商业模式，这种模式对于企业的竞争者来说是很难实现的。在《创新者的解答》一书中曾提到，

“低位破坏性创新只有在某个客户群体是被超满足时才可能发生”。[①]

弄清楚市场哪些方面是超出的、哪些方面是不足的能够帮助企业合理分配资源，然而这不是创新成功的唯一法宝。了解价值是如何随时间变化的也同样重要，而我们也可以通过计算市场机会指数弄清这一点。

价值是如何随着时间转移的

在《价值转移：竞争前的战略思考》一书中，阿德里安·J·斯莱沃茨基解释了客户倾向是如何导致旧的商业模式被取代的。随着时间推移，市场机会会转移，这一过程是动态的。在今天重要的市场机会可能明天就不一定是重要的市场机会了，而想要长期立于不败之地，企业必须能够准确地在任何时间发现市场上存在的第一，并且要能够第一时间抓住市场机会。[②]从本质上来说，创新的目标是制定并推出新的解决方案，在保持原有产品或服务特色的基础上，推进每一项价值的衡量标准，更好地满足一系列的目标。使用市场机会指数分析法，我们可以预测价值是如何进行转移的。

在解释价值是如何转移的之前，我们必须要记得客户的目标成果是稳定的，并不随时间发生变化。例如，刮胡子的人总是希望能够最小化被割伤的次数、最小化剃须需要的时间，以及最小化来回剃须的次数。即使是在未来数年里，这些目标成果，以及其他与剃须相关的目标成果

---

① 克莱顿·克里斯坦森，迈克尔·雷纳. 创新者的解答［M］. 李瑜偲，等译. 北京：中信出版社，2010.

② 阿德里安·J·斯莱沃茨基. 价值转移：竞争前的战略思考［M］. 北京：中国对外翻译出版公司，1999.

始终会是一样的。而变化的，则是我们使用新的技术、产品和服务之后，这些成果的满足程度。一旦某一项成果由某一个产品性能或者技术很好地满足了，那么其市场机会指数就会降低，而价值创造的市场机会则转移到其他重要但是尚未满足的成果上。如果企业继续在同一成果上努力，只会造成市场在这一方面的超出。

这一基本原则就是推动创新发展的动力。如果一项成果得到满足，企业要么必须转向其他成果创造额外价值（就像博世在 CS20 型圆锯上做的改进一样，它们为 CS20 型圆锯增加了一项新功能，最小化了一般设置下调整倾斜角度所需要的时间），要么在其他任务上寻求发展（比如苹果为 iPod 增加了管理播放列表和分享音乐的功能）。如果企业不能够转向其他的成果或任务，它们就给了其他公司可乘之机，它们的竞争对手可以针对市场上剩余的市场机会，设计新的产品特性、建立新的商业模式和价值主张。这些创新者可能趁机就夺取了市场的领先地位。

图 3.3 展示了创新的动力，从图中可以看出，某型号的得伟圆锯（为保护博世竞争力分析研究的保密性，此处隐去该产品型号）（位于图表最左侧）在成果 3 的满足度最低，意味着这是该产品最佳的市场机会。位于图表中间的博世 CS20 型圆锯，由于其设计精巧，很好地满足了这一成果，因此其满意度大幅提高，而这一成果也不再是博世改进产品的最佳的市场机会。反而成果 1 对于博世来说是最佳的市场机会，是它们在研发下一代产品时应当着重考虑的方面。每当市场引入新的产品或技术时，价值创造的市场机会可能会转移到其他某些方面。想要了解在任何时候这一规律的动态变化，企业必须掌握以下三类信息：客户全部的目标成果都有什么，其中哪些成果是重要的，哪些是未得到满足的。掌

握了这些信息，企业就可以清楚地知道价值转移的方向，也能够第一时间生产出具有吸引力的产品，把握市场机会。

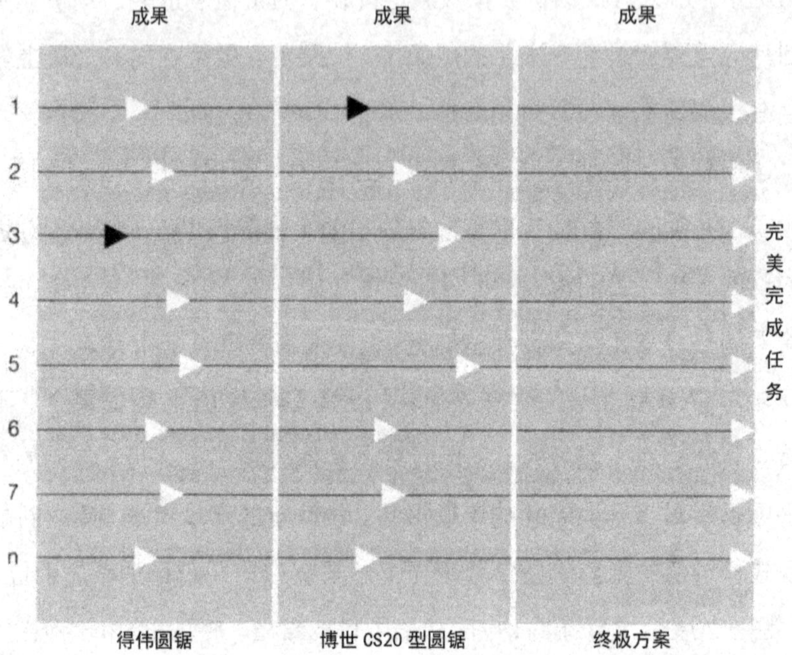

图 3.3　创新的动力

在成果导向型创新方法下，如何进行竞争分析

通常，企业进行竞争力分析是通过与其竞争者的产品比较具体的规格、特性，而不是根据客户的价值衡量标准比较每个产品的优势。在高科技行业中，前者往往被称为速度和进给量的比较。例如，在评估电脑产品时，人们往往会比较硬盘容量、内存量、光驱速度、屏幕尺寸和处理器速度。这些产品可能能够体现出一些产品的优势和劣势，使用这些

标准进行比较就是假设客户也是根据这些标准进行比较的，然而事实并非如此。由于这种错误的思路，企业常常会在一些客户认为已经超出的范围继续努力改进。

相反，在成果导向型创新方法下，企业会关注客户想要完成的任务，而不是它们竞争对手的产品的具体规格。在成果导向型创新中，企业把50~150 个目标成果当作衡量标准，对有竞争力的产品进行比较，从而使经理们能够根据客户的标准洞悉到产品的表现如何。例如，个人电脑制造商通过比较，可以清楚地看到，在最小化开机加载所需程序的时间方面，哪个产品表现的最好；哪些产品在最小化需要恢复邮件从拨号转换到本地网络的时间方面做得最好；哪些产品在最小化数据丢失的频率方面超过其他产品。这些都是客户非常重视的成果。

此外，企业进行成果导向型竞争力分析，能够做到：

- 发现竞争对手的优势与劣势。
- 知道要学习竞争对手产品的哪些性能。
- 知道竞争对手何时出现发展方向错误的问题。

为了展示这几点，我们来看看博世对圆锯市场进行的成果导向型竞争力分析，如表 3.2 所示（为了保护企业的商业机密，我们在表 3.2 中使用了虚拟的数据。尽管不是真实数据，但它仍然体现了博世的成果导向型竞争力分析是如何发挥作用的），在最左侧的一栏可以看到 9 个目标成果，而实际上，博世收集了 80 多个客户衡量价值的目标成果，这是其中的一部分。旁边的三栏里分别是重要性、满足度及市场机会指数。在右边三栏中我们可以看到三个主要竞争对手（得伟、牧田和博世）的满足度得分，这些是通过对用户代表进行量化调查得出的数据结果。博世对客户代表进行了一次不记名抽样调查，在调查中，博世请每位参与调查者说出他们使用的产品品牌，并询问他们认为产品满足成果的程度如何。这些结果使博世对市场和竞争力有了更深的洞见。

表 3.2　成果导向型竞争力分析

				满足度		
圆锯产品的目标成果	重要性	满足度	机遇指数	得伟	牧田	博世
最小化防护装置挂住材料的可能性	8.3	4.2	12.4	5.6	3.8	4.5
最小化电缆卷入切割路径的频率	8.3	5.3	11.3	5.5	4.6	5.4
最小化看不到切割线的时间比例	7.6	4.4	10.8	4.6	4.4	4.5
最小化碎屑进入眼睛的可能性	8.5	6.9	10.1	6.5	7.2	7.1
最小化调整倾斜角度所需的时间	8.7	7.7	9.7	7.8	7.6	7.7
最小化圆锯被偷的可能性	7.5	6.1	8.9	6.3	5.9	6.1
最小化锯歪的可能性	6.5	5.5	7.5	5.3	5.5	5.4
最小化清理圆锯所需要的时间	5.5	6.2	4.8	6.1	6.3	6.2
最小化更换刀片的频率	4.4	6.7	2.1	8.8	6.4	6.7

发现竞争对手的优势与劣势

在竞争力分析中，有两类信息是非常有价值的：知道市场中存在何种市场机会，以及知道在满足每个市场机会方面哪家企业做得最好，哪家做得不好。博世发现，在最小化防护装置挂住材料的可能性方面，得伟圆锯的表现最好：56%的得伟圆锯用户在这一项成果上给得伟圆锯的表现打了 4 ~ 5 分。牧田在这一方面的表现是最差的，只有 38%的牧田圆锯使用者对牧田圆锯在这方面的表现是满意的。继续看表 3.2，我们发现我们很容易看出每个竞争者的优势与劣势。博世最大的劣势（企业没有做好的方面）同时也是蕴藏最大发展潜力的地方，这些地方需要它们立刻引起注意。

通过这种竞争力分析，企业可以为现有产品定位，也能清楚为什么一家的产品比另一家卖得好，同时它们可以发现主要竞争对手的缺点。企业还可以利用这些信息指导企业的宣传和销售策略，突出那些市场机会丰富，而产品表现出色的方面。

明确要学习对手哪些方面

一旦企业清楚竞争对手在市场的哪些关键方面做得好，它们就可以努力追赶竞争对手。例如，一旦博世知道得伟的圆锯在最小化防护装置挂住材料的可能性方面做得好，它们就可以弄清楚得伟在其产品上增加了哪些特性，从而达到相同的满足度。还可以把这一特性当作基准线，像其看齐后，做出额外的改进。同时，博世还知道牧田的方法是不对的，因而不会沿着那个错误的方向努力。

知道什么时候要“放弃”一个竞争对手

企业常常会跟随另一个企业的脚步，在其产品上增加相似的特性。在市场充满不确定性的情况下，企业复制其竞争对手只是因为它们觉得它们必须要从规格方面赶上或者打败对手。然而，如果企业选择成果导向型的创新方法，它们就能摆脱这种规格之争的心理，而不必非要在这种竞争中拼个你死我活。如果企业发现对手新的产品性能对应的是已经满足的或是不重要的成果，那么它就不会跟着对手的脚步前进。让对手自己去犯错误吧，反正它们最终只会生产出成本更加高昂的产品，却没有一点新增价值。从表 3.2 可以看出，得伟圆锯过分满足了“最小化更换刀片的频率”这一目标成果（这一成果的满足度达到了 8.8），那么博世就不会选择在这方面继续努力，因为这个成果已经得到了很好的满足。知道什么时候“放弃”，不再追随对手是一种策略性的洞察力，从长期来看，这种洞察力能够帮助企业走向成功。

小结

在把握市场机会之前，必须先要发现市场机会；而在发现市场机会之前，必须先要明确什么是市场机会。在成果导向型创新范式中，市场机会被定义为重要的，而现有产品或服务无法满足的成果、任务或限制条件。企业需要以下 5 个步骤来发现市场机会：

（1）准备调查问卷，上面要列出所有从客户那里收集来的任务、成果和限制条件。

（2）把问卷分发给目标人群的代表（人数通常为 180~600 个，这些调查样本从统计学角度上看要是有效合理的）。

（3）请参与调查者为所有任务、成果和限制条件的重要程度打分，满分为 5 分（非常重要），最低为 1 分（完全不重要）。

（4）请参与调查者为他们认为当前解决方案满足目标任务、成果和限制条件的程度打分，满分为 5 分（非常满意），最低为 1 分（完全不满意）。

（5）对结果进行运算，确定哪些任务、成果和限制条件是尚未满足的，哪些是超出的。

图 3.1 中的市场机会指数计算法运用了数学公式，帮助企业发现蕴

藏最佳的市场机会。在公式中，市场机会指数等于重要性加上重要性与满足度的差值，重要性与满足度的差值不能为负数。

这种分析法表明了市场的哪些方面是不足的，哪些是超出的，价值如何随时间转移，以及企业的优势和劣势分别是什么，这些绝对数据以及和对手的比较数据能够帮助企业决定如何分配资源。一旦发现了市场机会，企业就可以针对这些市场机会，为客户提供真正有价值的产品。

第4章

选择细分市场

使用成果导向型细分法对市场机会进行分割

- 市场细分的目的是什么
- 市场细分的方法是如何演变的
- 为什么传统的细分法对创新无益
- 成果导向型细分法有什么不同
- 成果导向型细分法是如何运用的
- 成果导向型细分法是如何应对发展和营销挑战的
- 任务导向型细分法有什么不同，何时该使用这种方法

第 4 章
选择细分市场

成果导向型创新的第四步是市场细分。多年来，各家企业都在探讨创造不同的产品和服务，满足不同细分市场上客户不同的需求。然而，企业在这一过程中还是会遇到困难，究其根源，这主要是因为它们一直使用的都是传统的细分法。企业也意识到了传统的方法并不奏效，然而在我们过去 10 年与财富 1 000 强企业合作的过程中，我们发现了一个更加令人不安的消息：如今的细分法引导企业将一些假市场定为目标（所谓的假市场，就是一些并不真实存在的客户群体），这导致企业的一些产品和服务失败。

怎么会出现这种情况呢？在过去的几十年里，一种非常普遍的做法就是将客户按照他们购买的产品类型、能够接受的价格范围进行分类，或者按照一些人口统计学或心理学的标准分类，如年龄、商业规模，或者按照客户对新技术的接受度和规避风险的程度进行分类。对于企业来说，这些归类方法简单易行，而且行之有效，对于某些营销研究或是销量追踪报告来说可能确实如此，然而这些客户分类并不能为企业带来最佳的市场机会——每位客户都有不同的不足成果。

而我们的方法是根据客户独特的不足成果和任务对客户进行分组，我们把这样一组客户定义为一个“细分市场机会”。这些细分市场机会为企业提供了价值创造的机会，企业还可以借此发现破坏性创新的市场突破口。另外，这些细分市场机会还能帮助企业发现成熟市场上不明显的市场机会。在本章中，我们会介绍一些市场细分理论的重要背景，然后说明成果导向型细分法是如何解决实际问题的。

市场细分的目的是什么

企业对市场进行细分是有多个目的的。财务部门会对客户进行分组，从而使企业能够更好地追踪相关的信息。营销部门对客户进行细分，这样它们可以针对不同的用户选择不同的宣传策略和营销活动。行业分析师对市场进行细分，以便他们能够更快掌握行业动向和竞争力趋势。然而，传统的细分法对于上述商业活动来说是有效的，但对于以创新为目的的研发和营销活动来说，却不是最佳方法。

我们这里介绍的最佳细分法只是满足于创新流程，也就是说，只是为了帮助企业创造出新的产品或服务。我们认为这个方法不适合其他任何商业活动，我们也承认其他的细分法都是正确的，在适当的情况下，其他方法可能更为有效。我们所说的就是对于创新来说，相比传统的方法，有更好的方法对市场进行细分，而我们的研究成果——成果导向型细分法是非常有效的。

说到创新，研发和营销部门可能会遇到很多挑战，这些问题只能够通过一种有效的细分法解决。通过这种方法，企业能够发现拥有特定不足成果和超出成果的用户群。

市场细分的方法是如何演变的

多年以来，市场细分法受到企业所掌握的客户信息限制。在 20 世纪 50 年代，市场细分的分类标准和人口统计学的分类标准是一样的，如年龄、地理位置或性别，因为这些信息是唯一容易收集的信息，对于企业来说容易获得。随着时间演进，企业从人口统计学的角度设计了营销、销售和会计等不同的体系，对数据进行追踪分析。从那时起，这种依据人口统计学进行细分的方法在企业环境中落户生根，占据一席之地。

20世纪70年代中，信息科技不断进步，营销人员对其客户的认识能力也更进一步。他们发展出新的市场细分法，不仅包括人口统计学的内容，还包括了心理学的内容。根据普通客户对产品和服务的表现和态度，营销人员可以建立起更加具体的客户资料。随着企业建立起庞大的交易数据库，开始捕捉实时购买信息，甚至更多信息，购买行为细分法出现了。在这种方法下，企业不仅根据客户的年龄、收入和心理学信息进行分类，还根据他们过去的购买行为进行市场细分。

到了20世纪80年代，企业发现了需求导向型细分法。这种方法的出现是计算机强大的计算功能和复杂的群集技术发展的结果，研究人员使用计算机和群集技术，能够将客户按照他们喜欢的产品特性和产品能为他们带来的好处进行分类。需求导向型细分法有助于经理们深入了解客户信息，然而这种方法却没能成为市场细分的标准方法，因为这种情况下的细分结果往往是不易测量的，很难理解和确定。此外，那些“基于需求”的分类标准多半不能代表真实的“需求”。

如今，企业常常会综合人口统计学、心理学和“客户需求”信息作为市场细分的基础。图4.1以图像的形式阐释了在市场细分的过程中不同类型信息的使用情况。可能是因为这些数据常常用来进行销售、营销和财务分析，经理们很容易忽视这种方法不经意间会对企业创新能力产生的负面效果。

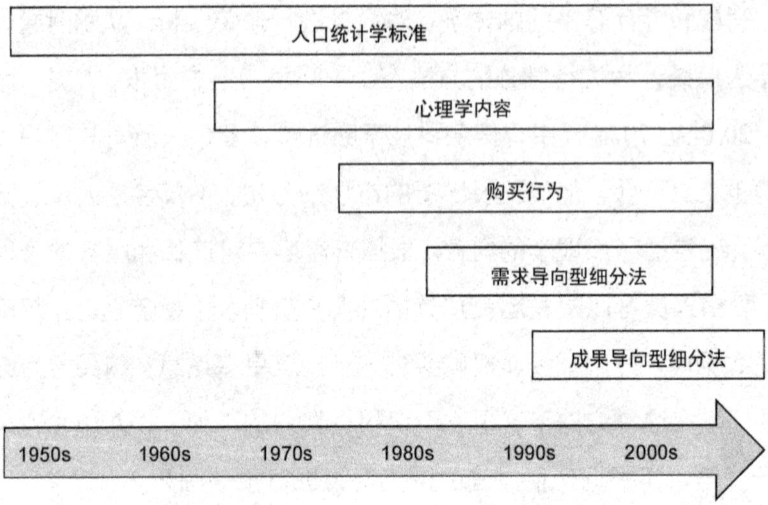

图 4.1　市场细分法的演进

举例来说，多年以来，北电网络公司都是按照纵向的行业分类（如公共服务、交通、制造等）来组织其销量追踪活动和财务系统的。它们发现这种分类方法被动地决定了它们看重的员工素质、工作流程和商业决策。比如，在进行人员安排时，北电一般会聘用专门从事某个纵向细分方面的员工，因此它们的员工最终在工作视角和思路上也会体现出纵向细分的特点。它们会按照这种细分法划分为销售团队、营销团队和宣传团队。而工程人员和设计人员从纵向细分的角度思考市场，对产品进行微调，以便其能够满足某一细分方面的具体要求。如果经理们想要在某一产品上添加某一特性（因为企业需要通过这一特性满足某一纵向细分方面的要求，从而扩大市场份额），工程人员和设计人员就会按照经理们的要求去完成。事实上，北电的营销和产品策略、资源选择和能力都是根据这种纵向细分法进行设计的，而它们最早选择这种细分法是为销售、营销和财务活动服务的。把适合其他商业活动的细分法误用到创新活动中，在许多公司都是非常常见的。因为传统的市场细分法对决策者和开发人员来说更容易操作，然而对于创新来说，经过传统方法细分后的信息和结果，价值并不大。

值得注意的是，采用成果导向型细分法，并不需要强制企业完全改变其原有的收集、追踪销售数据和财务数据的方法。不管企业如何使用销售和财务数据，成果导向型细分法都可以独立运作（帮助企业与客户进行沟通），创造出有价值的产品和服务，确定客户的价值主张。

为什么传统的细分法对创新无益

在谈到使用市场细分法帮助企业创造新的产品和服务时，很多企业只是简单地采取一种便捷的分类措施，强加给客户。它们希望客户能够按照它们的规定进行交易活动（它们也是这样估计的）。按照这种逻辑，企业很可能把它们的市场分为大、中、小三种层次。在它们的预期中，所有小市场范围的客户都有同样的需求，而与大、中范围市场的客户要求不同。同样，它们会猜想所有中等市场范围客户的需求和其他中等市场范围客户的需求一样，而与小市场和大市场的客户需求不同，等等。这种想法实际上是认为每个分类下的用户特点都是同质的，与其他分类没有交叉，同一个分类下的用户会对新产品和服务做出同样的反应，同时，企业对这种反应是可预测的。

然而很遗憾，在传统的市场细分法中，这种想法并不可取。传统的市场细分法经常会引导企业将注意力放到假目标上，也就是说，企业锁定的目标客户群事实上并不是同质的，他们的特征和需求不是完全不交叉的，他们可能根本不看重某一特定的目标成果。可以说，传统的细分法是专断的，它们并没有遵循细分理论的基本原则。在市场细分理论中，我们强调有效的市场细分必须形成一定的用户群，这些用户需要：

- 有特殊的不足成果或超出成果。
- 代表一部分用户。
- 是同质的，也就是说，这一用户群必须都认为某个成果没有得到满足，或者某一成果已经超出他们的需求，他们面对目标成果和服务应当有一样的反应。
- 是有吸引力的策略目标群体，即他们要适合企业的经营之道和业务水平。
- 不是遥不可及的，企业通过营销和销售活动可以接触到这些用户。

尽管经理们知道他们需要找到有独特需要、看重产品或服务某一特性的客户群，但他们似乎就是不能发现那些行为稳定、可预测的目标群体。原因之一要追溯到企业对“客户需求”的定义。如果企业把解决方案、设计规格、客户需要或是能给客户带来的好处定义为客户需求（就像我们在第 2 章中解释的那样），那么企业用于进行市场细分的基础数据就是错的。需求导向型细分法比较而言更接近正确的方法，然而生活中我们对什么是“需求”并没有统一的认识。过去，我们对需求导向型细分法进行过研究，发现其中的变量就包括我们所说的解决方案、设计规格、需要和好处，以及一些成果。输入中有这么多种信息，难怪大部分需求导向型细分法都得不到准确可靠的结果，无法解决企业创新过程中遇到的研发和营销的挑战。显然，成功进行市场细分的关键在于发掘出独特的细分市场机会，也就是说，找出有独特的不足成果的客户群体。而实现这一目标的唯一方法就是使用成果作为细分的基础。

成果导向型细分法有什么不同

正如我们之前提到的，客户购买某项产品或服务是为了完成某项任务，他们的目标成果就是他们衡量一项任务是否圆满完成的标准。不足的目标成果意味着企业可以实现价值增长，但并不是市场上的所有参与者都对某一成果的满足程度有相同的认识，因此，在大多数市场上，都存在着不同的客户群体，他们希望产品在不同的方向上做出改进。比如，在圆锯的使用者中，一些人认为与速度相关的成果是非常重要而尚未满足的，因为他们总是等不及完成某一项任务。而另一些使用者可能会认为与切割效果相关的成果是重要但不足的，因为他们在工作中一贯保持完美主义，并且对自己的工作十分骄傲。

使用成果导向型细分法，企业就可以制定上述一样的细分策略，只有成果导向型细分法才能形成这样的结果。成果导向型细分法使用客户的目标成果作为细分市场的基础，最重要的是，我们在归类时使用的数值标准不是成果的重要性数值，而是其市场机会指数，这一点是非常重要的。我们使用市场机会指数作为细分市场的输入变量，这可以使划分出来的每个细分市场机会都代表了不同市场机会和方向。从研发和营销的角度来看，这是对旧观念的一种升华，因为这种看待市场的角度正是我们制定商业策略时所需要的，无论我们是要确定市场机会、定位产品、对产品进行宣传，还是在做其他关于产品和营销的决策。

食品和农业巨头美国辛普劳公司就曾使用该方法发现了一个特殊的客户群体。它们发现一些餐厅老板希望薯条能保存更长时间而不变味，这一成果在市场其他细分群体看来并不是不足的。齿科设备公司登士柏也有类似发现。它们发现一些牙医认为补牙效果如何，取决于牙齿组织的黏结强度是否持久、稳定，而其他医生却并不认为这是不足成果。博世发现有一些电钻用户和其他用户不一样，他们希望产品提高径向冲击力，而他们对产品轴向冲击力则要求不高。企业如果想要区别不同的细分市场，像我们这里举的例子一样，那么企业必须依据成果和市场机会指数进行市场细分。

成果导向型细分法是如何运用的

让我们来看看摩托罗拉无线电产品组的例子，更加详细地了解一下成果导向型细分法。摩托罗拉生产车载无线电设备，供调度员、控制中心或其他双向无线电用户使用。1997 年，无线电装备市场已经逐渐成熟，在实现有限的增长之后，摩托罗拉开始寻找新的市场机会实现增长目标。

在过去的多年间，摩托罗拉一直采用纵向行业分类方法对无线电设备市场进行细分，尽管在此过程中，摩托罗拉也认识到根据这种细分方式，客户行为存在着不连续性和不确定性，而且不同客户群的客户行为往往会出现相同或是交叉的情况。从直觉上判断，摩托罗拉知道一定存在着另一种市场细分方式，只是公司的经理们并不能够发现这种方法。后来，它们选择使用成果导向型细分法，并按照以下四个步骤对市场进行细分：

- 收集所需信息。
- 选择细分标准。
- 进行聚类分析。
- 概述群组特征。

最终结果就是发现有价值的细分市场机会。

收集所需信息

按照成果导向型创新的思路分析，创建成果导向型细分所需要的数据实际上就是客户的目标成果。例如，摩托罗拉发现无线电用户在使用无线电产品时，大约会有 100 个目标成果。比如，用户希望最小化对话被其他方打断的次数、最小化不小心更改设置的可能性、最小化对话出现错误的次数。在获取了这些目标成果后，摩托罗拉设计了一套调查问卷，并分发给大量无线电用户（这些用户构成了使用者的随机样本）。这个调查的目的在于获取客户对每个成果重要性和满足度的认识，并且对结果进行量化。正如我们在第 3 章中提到的，计算每项成果的市场机会指数需要知道该成果的重要性和满足度这两项数据。

选择细分标准

摩托罗拉在生成细分策略时，并没有使用所有的目标成果。为了确定哪些成果最有利于进行市场细分，摩托罗拉首先使用了因子分析法（一种常见的统计方法），将相似的成果结成组，按照市场机会划分总共分为 18 个不同的因素。接下来，它们从每个因素中选取一个最能体现市场差异的成果。对于市场反应并不强烈的因素，就不从中选择任何成果。最终，总共选出 11 个成果作为细分属性，如表 4.1 所示。

表 4.1　选择细分属性

无线电产品的细分属性
1．最小化对话出现错误的次数
2．最小化通话被中断的次数
3．最小化通话中遇到干扰的次数
4．最小化进行秘密通话所需的精力
5．最小化其他通话插入的次数
6．最小化确认来电所需的时间
7．最小化对通话进行录音所需的精力
8．最小化对话被拦截的次数
9．最小化不小心改变当前设置的可能性
10．最小化对设备进行设置需要的精力
11．最小化戴手套使用设备所需的精力

进行聚类分析

摩托罗拉使用非层级的聚类算法（这种方法通常使用在电脑计算的数据分析中）对客户进行分组。这种算法着重关注 11 个选出的目标成果的市场机会指数，把被试者根据他们的反应归置到预先确定的细分方面中。摩托罗拉的解决方案包括三个细分结果，分别代表了 40%、28% 和 30%的被试者。通过计算，我们区分出：第一组用户（细分结果 1）认为成果 4、7、8 是重要但未满足的；第二组用户（细分结果 2）认为成果 1、2、3、9、11 是重要但未满足的；第三组用户（细分成果 3）

认为成果 5、6、10 是重要但未满足的。表 4.2 总结了每个细分结果中独特的成果和市场机会。

表 4.2　细分结果区别

细分结果 1 中的市场机会	细分结果 2 中的市场机会	细分结果 3 中的市场机会
4．最小化进行秘密通话所需的精力	1．最小化对话出现错误的次数	5．最小化其他通话插入的次数
7．最小化对通话进行录音所需的精力	2．最小化通话被中断的次数	6．最小化确认来电所需的时间
8．最小化对话被拦截的次数	3．最小化通话中遇到干扰的次数	10．最小化对设备进行设置需要的精力
	9．最小化不小心改变当前设置的可能性	
	11．最小化戴手套使用设备所需的精力	

概述群组特征

为了了解这三个分组各自的人口统计学和心理学特征，摩托罗拉开始对三个分组进行群组特征描述。在一开始进行的调查中，除了包括与成果相关的问题，还包括其他十几个问题，这些问题能够帮助摩托罗拉理解每个分组拥有哪些特征。这些问题涉及用户的年龄、工作职位、他们如何使用产品，以及使用产品的目的、工作行业、使用无线电设备的频率、所在地，还有一些其他重要的描述性问题。

这些类型的信息能够帮助企业对每个分类的特征有更深的了解。比如，摩托罗拉在分析过这些数据后，很快得出结论。细分结果 1 的用户使用移动无线电产品进行秘密的对话，他们不想引起别人的注意，也不想被别人听到对话的内容。这些客户在车内秘密使用产品，非常看重与隐私性和安全性相关的成果。他们可能来自政府机构或是警察系统，也可能是安全人员或者从事类似工作的个人，他们主要是年轻用户，大部分来自城市地区。细分结果 2 的用户希望产品能够提供清楚、清晰、连续的通话，即使是在生命受到威胁的环境下。这些用户主要是火警、警察和安全人员，他们常常需要离开车执行任务，但却要一直保持联系。细分结果 3 的用户需要与团队进行沟通、协作，执行一些行政任务。这些用户可能是海岸警卫队队员、机车工程人员，或者其他需要全天使用产品工作的人。和其他细分结果的用户相比，这些用户既不需要产品拥有保密性能，也不需要应急功能。

直到 1997 年摩托罗拉公司完成这项研究，市场上还没有任何产品或服务能够满足各细分结果的目标成果。在这个行业中，人们有一种心态，好像一种产品可以满足所有客户的需求。在发现这些细分结果后，摩托罗拉可以针对每个细分方面对移动无线电产品进行优化改进。新的产品增加了一些新功能，可以满足此前不足成果，而那些对于细分客户群不重要或不太重要的成果，相关的产品功能就从新产品中剔除了。

最终的结果是摩托罗拉以更低的价格提供了更好的产品，而客户满意度也随之提高。在市场不景气的情况下，新产品帮助摩托罗拉将营收增长率提高到了 18%，并且巩固了摩托罗拉在移动无线设备市场上的霸主地位。

成果导向型细分法是如何应对发展和营销挑战的

创新、研发和营销活动中常常会遇到六大挑战，而这些问题只能通过有效的市场细分法解决。我们的成果导向型细分法能够克服以下问题：

- 在成熟市场上发现独特的市场机会。
- 发现高要求客户，他们可能愿意为更加复杂的解决方案支付更多的钱。
- 发现没有吸引力的客户群，这些客户不应当成为企业的目标。
- 发现超出的细分市场，这是破坏性创新极佳的切入口。
- 确定进入一个现存市场的最佳方式。
- 发现拥有高增长潜力的细分市场。

在成熟市场上发现独特的市场机会

在成熟市场上，企业很难发现独特的市场机会，因此它们常常会开始打价格战，降低企业利润，推动行业朝着廉价商品化的方向发展。改变这一情况的方法之一就是找出一个或更多尚未得到满足的用户群，为他们的不足成果定制产品和服务。

这就是摩托罗拉当时的目标。它们希望通过应用成果导向型细分法，提高它们在移动无线电产品市场上的地位。就像我们之前提到的，它们发现了三个不同的细分结果，之后，产品开发团队针对每个用户群设计了独具特色的产品。对于细分结果1（重视保密性）的客户，他们创造出了一项编码更为复杂的新产品，为产品增加了新的机制防止偷听，同时提高了产品的降噪功能。对于细分结果2（可能常常处于生命受到威胁的处境中）的客户，他们增加了语音控制技术和紧急情况下的定位功能，同时他们改进了用户界面，使用户即使戴着手套也能有很好的产品体验。而对于细分结果 3（需要管理工作分配）的客户，他们简化了产品的设置程序，同时保证信息可以被准确接收到。表 4.3 突出了三个细分结果的不同，同时展示了对应每个细分结果不同市场机会设计的产品特性。

表 4.3　细分结果的区别

	细分结果 1：保密性	细分结果 2：紧急情况	细分结果 3：管理工作
目标成果	• 保持对话秘密进行 • 对通话录音 • 低拦截率	• 信息清晰 • 少中断 • 少干扰 • 不小心改变设置的可能性小 • 戴着手套也能方便使用	• 减少不必要的来电 • 快速应答 • 产品程序容易设置
用户群特征	• 在车内秘密使用产品 • 年轻 • 主要集中在城市地区	• 消防员、警察、安全人员 • 常常需要离开车 • 必须随时保持联系	• 海岸警卫队队员、机车工程人员等 • 在日常工作中依靠无线电 • 负责管理工作
相应的解决方案	• 编码更加复杂 • 增加防止偷听功能 • 提高降噪性能	• 语音控制技术 • 紧急情况定位功能 • 允许用户在戴手套的情况下使用	• 更容易设置产品 • 确保消息可以收到

创造这样的产品使企业能够在价值的新领域与其他对手进行竞争，而不是一味地打价格战。通过针对特定用户群独特的不足成果做出改进，企业能够设计出更有价值的产品，从而确立新的产品定位策略。如果没有这些信息，企业很可能就会沿着廉价商品化的方向一路走下去。

发现高要求客户

很多市场中都存在一些高要求客户，他们比其他客户的要求更为严苛。他们有很多未满足的成果，因此他们的要求更多，也愿意为此支付更高的费用。在整个市场上，这些用户所占的比例可能不到5%，或者超过20%。企业如果能知道是否存在这样的客户群及客户群的规模是多少，就能从中获益。

博世在对圆锯市场进行细分时，它们发现了一个细分市场，并将CS20型圆锯瞄准了这一客户群。CS20型圆锯包括一系列新的产品特性，满足了大部门高要求客户眼中的不足成果。然而在这个案例中，博世的目标并不是为客户提供优惠价格，而是通过为客户提供具有突破性且性价比高（和同类产品相比）的产品，提高市场份额。2004年12月，经过对连续9个月的销售情况的研究，结果远远超出了博世扩大市场、实现增长的目标。

发现那些没有吸引力的客户群

在许多市场上还存在着一类客户，他们对企业来说并没有吸引力。这类客户可能不会使用产品更多的功能，或者他们希望以更低的价格获得更多的服务。同样，如果企业能明确地发现这个客户群及其规模，那么就可以从中获益。例如，有一家保险公司想要扩大其客户基础，于是它们在大市场上费力地寻找着市场机会。

在使用成果导向型细分法进行分析后，它们发现它们的客户中有相当一部分对公司现在的服务非常满意，但是它们也不会再创造更多功能性的价值，这些客户只对低价感兴趣。考虑到这些情况，公司明智地决定不再将这部分用户当作公司的目标客户群，而是重点关注其他用户。最终，这家公司发现了许多新的市场机会，而在它们之前把市场当作一个整体来看时，这些市场机会完全被隐藏起来了。

发现超出的细分市场

只有在市场上有相当规模的群体都是超出的，且愿意接受比当前产品略次的产品和服务时，企业才能用某项科技成功地在市场上进行破坏性创新。当一项破坏性技术进入市场时，往往对于市场的其他参与者来说是无害的。一开始的时候，很少有人愿意接受这项技术，因为它比更差的产品表现，在大部分细分市场上会遭到完全拒绝。然而，随着这项技术不断改进，它开始超过旧技术，更好地满足那些主流客户眼中的重要成果，从而逐渐在人群中被接受，直至完全破坏市场。在考虑从是否要进行破坏性创新时，经理们必须要确定市场上是否存在超出的细分市场，其规模如何，同时，如果企业进行破坏性创新，是否有一个有吸引力的市场切入点。掌握了这些信息，企业才能有把握确定破坏性创新的目标客户群，或者企业可以提前得到警示，也许它们的破坏性创新非常容易中断。

比如，在血糖仪市场上，Cygnus 公司（GlucoWatch 的制造商）发现，有一些客户他们并不需要精确地知道自己的血糖含量，而只是想知道自己的血糖情况是好转还是恶化，这样他们就可以及时控制，避免发病。对于他们来说，数值的准确度、血糖仪读数的速度还有其他一些成果都并不是十分重要的。这些用户愿意使用各方面表现稍差一些的产品，而只是满足他们的需求即可。后来，Cygnus 改进了它们的技术，在满足原有的价值标准的同时降低了产品价格，其产品吸引了许多主流客户。这就是破坏性创新策略一个很好的案例。

确定进入一个现存市场的最佳方式

想要进入一个现存市场，企业必须首先挑选出一小部分用户，满足他们的目标成果，然后调整定位，逐渐满足其他市场用户。然而，哪些细分市场才是进入市场的最佳切入口？理想用户群往往是规模小，但充满市场机会，同时被当前竞争者忽视的用户群。

使用成果导向型细分法就很容易发现这些用户，这些用户往往是被行业中的各大企业忽视的小用户群，因为这些大公司想要寻找的市场机会常常包含一个或多个目标用户群。按照这些企业的标准和它们竞争，无疑是难有出头之日的，所以从这种情况来看，使用成果导向型细分法确定市场上是否存在有益的市场切入点就更为重要了。

发现拥有高发展潜力的细分市场

企业常常会问："如何才能发现有高发展潜力的细分市场，并且在它出现前知道其规模？"一般来看，企业往往依靠财务数据（如过去的营收）来确定细分市场的规模。对于还没研发出来，或者还没面市的产品的客户群规模，这种方法是行不通的。然而成果导向型细分法可以解决这一问题，我们可以不依靠财务数据来发现用户群，并估计其规模。

让我们以证券市场上做当日交易的客户群为例（这一细分市场是由亿创理财建立的，同时，亿创理财也一直保持在行业前列）。从传统的市场分析和细分的角度来看，在20世纪90年代初，当日买卖收益不高，也没有什么发展潜力。那时，想要做短线的交易者只能一直守在证券交易所里。而交易所中的交易席位并不多，每个席位的价格比大多数人的年收入还要高，所以从获利的角度来看，这个细分市场的规模相对较小也就不足为奇了。也正是因为这一原因，很少有企业会在这一领域做投资。

然而，如果像美林证券这样的公司能够从成果的角度分析市场，它们可能会看到另外一幅景象。它们会发现有很多进行交易的人都希望能够增加每天进行交易的次数，最小化它们完成一次交易需要的时间，同时最小化进行一次交易所需的成本，然而它们对相关的支持和服务却没什么需求。如果使用成果导向型细分法，经理们本该能够精确地估算出有多少人认为这些成果是重要但不足的，这个细分市场的比例和规模本该那时就被发现的。然而事实上是，这个细分市场那时已然形成，人们就仅仅是在等待一个解决方案，一个能够满足他们这些不足需求的解决方案，一个可以进行当日交易的解决方案。当这种解决方案出现时，人们快速反应，让亿创理财这样的公司一下子日进斗金，从而从传统的财务角度建立起了当日交易证券的市场。

任务导向型细分法有什么不同，何时该使用这种方法

在这一章中，我们主要讨论了成果导向型细分法。然而企业在寻找新市场时，往往会转向任务导向型细分法。这两种方法有什么不同呢？成果导向型细分法是用来在某一特定市场上发现细分市场机会的。而任务导向型细分法则是为了发掘出一个全新的市场，在这个市场上，某一任务或某些任务都没有得到满足。这两种方法的步骤大体上是完全一致的，只有一点：任务导向型细分法以任务作为细分市场的基础，而不是以成果作为基础。

那么企业如何才能发现新的市场呢？无论是个人还是企业，每天都要完成很多任务，那么问题就出现了，“有哪些任务是人们今天想要完成的，但是当前可用的产品或服务不能帮助他们很好地完成呢？”如果企业发现某一任务或者某些任务都没有得到满足，此时它们可能已经发现了一个全新的市场，值得企业去追求和发展。

例如，微软想要弄清楚还有什么其他软件、硬件或是服务相关的市场可以开拓、追求，于是它们向所有个人电脑用户征求信息，找出所有用户想要完成的任务。然后通过量化研究，微软确定了哪些任务是重要而尚未满足的。那些市场机会指数高的就是潜在的有价值的市场机会。一旦企业决定投入到哪个市场，它们在第二轮研究中，就会获得客户对每项任务的目标成果。然后，企业从中挑选出那些重要而不足的，这样它们就能准确地知道客户在试图完成某项任务时会遇到哪些困难。在完

成这些研究以后，企业就能发现新的市场机会，以及其中的不足成果，这些也就是企业创新、成长的路线图。

小结

企业依靠市场细分解决其在研发和营销过程中遇到的挑战。通过市场细分，发现市场上特定的用户群，这些用户就代表着企业创新和增长的市场机会。然而关键问题在于经理们应当使用何种标准对同质市场进行细分。普遍的做法是采用人口统计学的划分方法，然而就如 40 多年前丹尼尔·扬克洛维奇说的那样："我们过去总是假设人口统计学是进行市场细分的最佳方法，我们从未质疑过这一点，然而我们真的应该放弃这种旧思路。"[①]

即使到了今天，都没有几个公司选择的市场细分策略满足市场细分理论的基本原则。市场细分理论的基本原则是一个细分市场应该是充满市场机会的，这一市场上的用户都是同质的，他们的行为是可预测的，与其他细分市场上的用户是不同的，企业通过营销和销售活动能够接触到这些用户。至于为什么各公司普遍缺乏有效的市场细分策略，有两种解释。第一，很多经理人习惯了其他商业活动（如销量追踪和广告宣传）中对客户进行分组的方式，比如，属性分类法是根据客户购买的产品类型、客户对价格接受的范围、年龄、企业规模等。第二，很多企业没有一个有效的策略，帮助它们发现最有创新潜能、真正同质的用户群。因此它们往往会陷入原有的市场细分思路，尽管这些思路对于创新来说可

① 丹尼尔·扬克洛维奇. 市场细分新标准［J］. 哈佛商业评论，1964（3）：89.

能是不当甚至有害的。

而成果导向型细分法则截然不同。它能够解决研发和营销活动中出现的创新和挑战。它遵循市场细分理论的基本原则，能够发掘出细分市场机会。成果导向型创新把客户的目标成果当作进行市场细分的基础，而把每个成果的市场机会指数当作创建细分市场的变量。

确定好超出市场和不足市场，以及每个细分市场的规模之后，企业能够解决很多创新过程中出现的研发和营销方面的关键问题。通过依据成果对市场进行细分，决策者和市场经理不会再把根本不存在的客户群当作企业的目标，反之，他们能够将重心放在细分市场机会上，最终实现增长，同时降低成本，形成成功的破坏性创新策略。

第5章

确定发展策略

决定企业在哪个方面创造价值

- 为创新选择目标市场有什么不一样
- 在大市场上，什么类型的市场机会更有吸引力
- 在具体的细分市场上，什么样的目标市场选择策略才是有效的
- 为什么市场选择策略能够使企业获得独特而有价值的竞争位置
- 为什么企业抓不住重要的市场机会

成果导向型创新的前 4 步是揭示出市场上存在的全部市场机会，无论是存在于大市场的市场机会，还是存在于独特的细分市场上的市场机会。如果企业不确定哪些市场部分是超出或是不足的，企业就很可能对错误的产品和服务进行投资。它们也更容易在行动时犹犹豫豫、畏首畏尾，因为它们没有信心朝着一个方向走下去。然而如果企业知道了市场上存在的全部市场机会，它们就可以形成非常有效的目标市场选择策略。有效的目标市场选择策略能够最终帮助企业获得独特而有价值的竞争地位，满足市场上的不足成果，而在超出的方面降低成本。这就是成果导向型创新的第 5 个步骤。在这一章中，我们将会解释，企业如何才能选择最佳的市场机会，以及企业如何才能获得独特而有价值的竞争优势。掌握了这些技巧后，企业就能把它们之前的研究转化为创新策略。

为创新选择目标市场有什么不一样

在一个市场中会有许多超出与不足成果，对于企业来说，有些代表着最佳的市场机会，选择目标市场就是要挑选出这些代表最佳市场机会的成果。这和选择目标市场的传统定义形成了鲜明的对比，在传统的定义中，选择目标市场通常指选择一个市场，或者一个客户群，作为企业发展的目标。而在成果导向型的方法中，我们关注的不是目标客户群，我们选择的是那些超出或者不足成果背后蕴藏的市场机会。

一个有效的目标市场选择策略需要企业选择出它们将要追求的市场机会，这一过程必须非常精确，就像外科手术要求的那样。有效的目标市场选择策略能够帮助企业在不足的方面提高产品性能和表现（但不一定会增加成本），而同时在超出的方面降低成本，去掉不必要的功能。企业的产品和服务必须能够让客户全盘接受，但又不超出客户的接受范围，这样客户就无须为他们不想要的功能埋单。也就是说，企业产品必须在功能太多和功能太少之间找到一个平衡点。

我们建议企业在选择市场机会时，应当首先瞄准广泛市场上的市场机会，进而选择具体的细分市场上的市场机会，随着时间逐渐深入。就像我们在第3章和第4章中讲的一样，在寻找市场机会时，我们首先着眼于大的市场范围，也就是整个客户基础。在选择市场机会时，我们同样采用这种策略。企业最好先在大市场上选择大的市场机会，因为一项创新机会如果对大部分客户都有吸引力的话，那么就能产生更大影响，获得更多收益。一旦大市场上的市场机会都得到满足，或者已经全部完成，企业接下来就应当发掘具体细分市场上存在的市场机会，然后考虑客户群的规模、商业应用，以及对企业营收存在的潜在影响。

在大市场上，什么类型的市场机会更有吸引力

在从大市场上选择市场机会时，那些能够带来突破性产品或者帮助企业扩大市场份额的市场机会才应当是企业的目标。从我们的经历和实践中，我们总结出了五类大市场上的市场机会，每一类都代表了一种独特的创新和增长方式：

- 一个主题下彼此相关的市场机会。
- 代表不同增长方式、彼此无关的市场机会。
- 可以通过一种新的辅助产品实现的一个市场机会。

- 增加不必要成本的超出成果。
- 针对技术研发和长期增长的市场机会。

一个主题下彼此相关的市场机会

有时我们会在市场上发现，一些不足成果（也就是一些市场机会）代表了某种特定的主题。在这种情况下，我们建议企业围绕着这一主题进行宣传、定位和竞争，因为这样做可以帮助企业占领有利的竞争地位。以丹麦医疗器械公司康乐保的皮肤和伤口护理部门（位于美国）为例，它们曾采用成果导向型的方法增加应收、扩大市场份额。在皮肤和伤口护理的市场上，传统上各企业的产品或服务都是围绕如何让伤口好得更快。然而，康乐保发现，其实市场上最重要的 12 个不足成果中，有 8 个都是关于如何避免不小心造成伤口恶化的，而不是关于如何加速伤口愈合。它们发现护士们希望能够最小化病人皮肤潮湿（可能由大小便、排汗造成的）的时间、最小化加剧皮肤刺激恶化的可能性，以及最小化愈合伤口重新裂开的可能性。

康乐保开始将目标定位在这些相关成果方面，尽管当时，放弃加速伤口愈合这一主题是不可理解的。然而摆在它们面前的市场机会是非常明显的，追求这些市场机会最终也证明是正确的选择，为公司带来很多利润。康乐保将新的产品主题定为“避免情况复杂化”，然后在它们的定位、开发规划和新产品研发等活动中都应用了这一主题。康乐保的销售和营销副总裁大卫·霍奇科斯斯告诉我们，公司能够在皮肤和伤口护理市场发现独特的市场机会，为产品打开销路，成果导向型的方法功不可没。康乐保在其产品定位策略中加入“避免情况复杂化”的主题后，公司利润在半年之内实现了双位数的增长，而它们所在的市场实际上已经是一个相当成熟的市场。康乐保之所以能够在竞争中保持优势地位，就是它们明确地认识到哪些成果是它们对产品进行改进的最佳的市场机会。

在大市场上，像康乐保的案例中这样与同一主题相关的市场机会往往会给企业带来最佳的市场机会。当所有客户都认为某些成果非常重要，但是没有任何企业能够实现这些成果时，最先抓住市场机会的公司就能出奇制胜。

代表不同增长方式，彼此无关的市场机会

如果市场上不存在可以组成某一特定主题的一系列的市场机会，企业也不要失去信心。彼此不相关的市场机会也同样值得企业投入，实现增长，只要这些市场机会的市场机会指数足够高。比如博世公司在使用成果导向型的方法对圆锯市场进行分析时，它们发现有 10 个不足成果在市场上已经存在了大约 80 年之久。这些成果并不是紧紧围绕着同一主题，但是通过改进这些成果，博世成功地在强手如云的圆锯市场上创造出一个优胜产品——CS20 型圆锯。这一充满创新性的产品并没有在任何一个方面添加突破性功能，而是在所有方面都有所改进，比如最小化电源被切断时的停机时间，以及最小化切割时切歪的可能性。如果不使用成果导向型的方法，博世很难发现这些市场机会，也不会有信心在相关方面创造新的产品，这也是为什么 CS20 型圆锯之前的产品没有这些功能的原因。

可以通过一种新的辅助产品实现的一个市场机会

即使市场上没有那么多的市场机会，那么也总可能有一个大的市场机会一直都没有得到满足。大的市场机会指那些市场机会指数超过 15 的不足成果，这样的市场机会实在太过明显，就好像它在对企业大喊："快来抓住我！快想出创新方案！"在大部分行业中，大的市场机会并不常见，如果有，通常是因为一些成果受到科技的约束不能实现，然而应对的方法还是很可能存在的。企业需要做的不是在某一产品中增加新功能，而是创造出一个新的辅助产品，配合现有产品完成某一任务。

以医疗器械公司 Cordis 公司为例。在 1993—1994 年，Cordis 公司曾在血管形成术扩张气囊的市场上采用过成果导向型的方法，它们发现在心导管手术专科医师提出的 80 余个目标成果中，最大的一个市场机会就是最小化治疗后血管再狭窄的可能性，这一成果的市场机会指数超过了 15。但 Cordis 公司并没有在它们生产的扩张气囊中添加相应的功能，而是创造出一种单独包装出售的全新产品——血管支架。血管支架很快成为史上销售最快的医疗器械，不到两年就创造了高达 10 亿美元的行业市场。

类似的选择目标市场的策略也被其他公司用来实现利润的增长。企业在发现一个大的市场机会后，首先要评估是否能够创造可以配合已有产品使用、有助于完成目标任务的产品以满足不足成果。如果增加配套产品会提高产品的价格，那么就可以以一个稍高的价格，单独出售新产品，从而创造出一个新的利润市场。

增加不必要成本的超出成果

有时，我们会发现大市场或者细分市场上会包含少数的不足成果，通常这在成熟市场上更为常见，或者是因为某个产品功能简单，也就是说，这个产品只能满足一小部分客户的目标成果。后者的例子比如棉签（知名产品如联合利华的 Q-tips）和钢笔。我们发现这些产品的市场常常是超出的，然后我们找出那些成本最高的超出成果。接下来，我们选出这些成果，它们或许就是我们可以降低成本的地方。只要方法得当，企业能够在降低产品性能、削减成本的同时，却不影响客户的满意度，仍然握有增长的市场机会。这种平衡或许很难实现，然而企业要是不知道哪些超出成果需要的成本最高，那么想要实现这个平衡基本上就是不可能的了。

很多软件应用都存在过分满足目标成果的问题。然而在软件行业，很少有企业会着手解决超出成果的问题，因为尽管有些功能是不必要的，但是这些功能并没有增加产品的成本。因为软件行业是非常特殊的，所以这一领域的企业只要思考这些不必要的功能是否阻碍了客户完成任务。如果确实如此，那么开发者可以设计一个简化功能的收费版本。

针对技术研发和长期增长的市场机会

到目前，我们讨论的都是适合短期内发展的市场机会。然而不是所有市场机会都能通过下一个新产品实现。有些不足成果需要使用新的技术，或者一些降低成本的技术和重新改造过的技术，才能有效地改进这些成果。因此，这些成果就成为适合企业长期瞄准的目标，企业可以通过研发活动发现这些市场机会。

例如，几年前，摩托罗拉的研发小组发现移动无线电设备市场上有 11 个不足成果未来可能能够通过语音控制技术实现，于是它们改变了它们的策略。在进行研究之前，它们计划先开发一项能够满足其中 4 个成果的技术。然而知道其他 7 个相关成果使摩托罗拉能够发展其他重要方面的技术，增加产品的整体价值。

在具体的细分市场上，什么样的目标市场选择策略才是有效的

一旦企业完成大市场上的市场机会，那么剩下值得企业投入的增长选项可能就蕴藏在成果导向型细分市场中。发现并确定这样的市场机会可能会给企业带来独特的挑战，因为一些方法在一种情况下有效，却不一定在其他情况下起作用。经过多年研究，在细分市场上，我们发现了 4 种有效的选择目标市场策略：

- 发现覆盖多个细分市场的市场机会。
- 为多个细分市场的解决方案建立单一平台。
- 首先选择难度最低的细分市场机会。
- 选择价格更有吸引力的细分市场。

发现覆盖多个细分市场的市场机会

如果大市场上不存在市场机会，企业常常会选择那些覆盖多个细分市场的市场机会。这种选择是有道理的：即使市场上不存在所有人都认为的不足成果，也可能存在 50%或 60%的客户都认为是不足成果，这样

的市场机会仍然值得企业投身其中。通常，企业对市场进行分析，发现那些不足成果，然后确定哪些成果在细分市场上最为常见，从而发现那些覆盖多个细分市场的市场机会。

例如，有一家大型保险公司，它们没有在汽车保险市场上发现任何大的市场机会，然而它们发现所有尚未满足的客户群体都希望最小化新客户得到更低报价的可能性，以及最小化比较不同公司的报价花费的时间，还有其他一些成果。通过抓住这些市场机会，这家保险公司成功地为市场上超过 50%的客户提高了产品价值。

为多个细分市场的解决方案建立单一平台

如果企业能够发现覆盖多个细分市场的市场机会，它们可能就能够设计出一系列产品功能解决那些不足成果，进而把这些功能当作一个平台，为多个细分市场提供解决方案，从而减少企业所需产品平台的总数。这种方法体现在图 5.1 中：企业创造出一系列功能以应对普遍存在的市场机会，然后将某些特殊功能添加到这一平台中，以满足其他三个目标市场上剩下的不足成果。

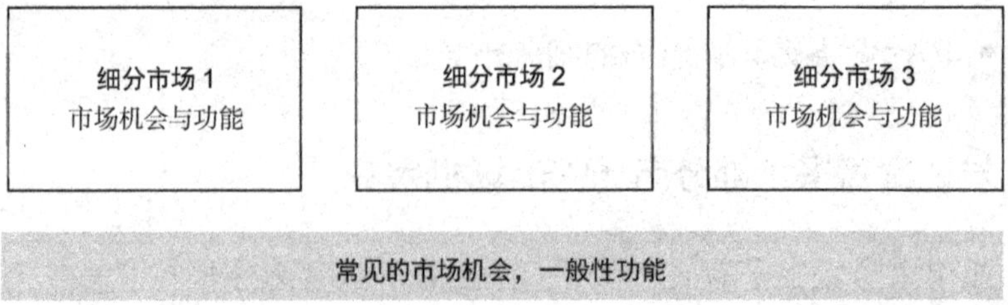

图 5.1　为多个细分市场的解决方案建立单一平台

创建一个产品平台满足常见的细分市场机会，然后发展出针对某个具体细分市场的解决方案，以满足每个细分市场上的独特市场机会。

以摩托罗拉无线电产品组为例，它们使用这套思路减少了开发各种移动无线电设备所需要的技术平台数量。在一个产品的生命周期中，平台开发和维护通常需要耗费数千万美元，因此减少企业需要的平台数量是一个降低成本的有效策略。

首先选择难度最低的细分市场机会

在按照成果导向型的方法细分市场时，我们通常会发现有一组客户群，他们的满足程度非常低，也就是说很多他们的目标成果都有很高的市场机会指数。乍看起来这好像是最佳目标市场的不二之选，然而事实很少是这样的。这种类型的细分市场上的用户通常在许多方面都没有得到满足，因为他们的不足成果太多了，以至于企业想要在新产品中满足全部或者大部分的成果基本上是不可能的，而反过来，客户对新产品也不会全然满意。

举个例子，AIG 在使用成果导向型细分法对相关的机构客户分组时，它们发现了一组客户要求非常高（细分结果 3），而其他两组客户也有不足成果，但是要求并没有那么高。AIG 首先瞄准了要求最低的客户（细分结果 1），因为它们只需要在新服务中添加为数不多的几个新内容，就可以满足这组用户群全部的不足成果。在这个过程中，这些新功能还使得 AIG 解决了不少细分结果 3 中的不足成果。

接下来，AIG 选择了另一组要求不高的细分市场（细分结果 2）。再一次，它们通过增加新的服务满足了细分结果 2 中的全部不足结果。这些新的服务内容加上此前为细分结果 1 添加的服务内容，AIG 距离解决细分结果 3 中全部的不足成果更进了一步。最后，它们又增加了额外的一些服务内容，满足了细分结果 3 中剩下的不足成果。

这种选择目标市场的方法，常常需要企业花上几年的工夫，然而这却是最有效的方法，在提高市场份额的同时，系统地朝着满足要求最高的客户的方向前进。如果反过来，先选择最难处理的目标市场，那么企业就没办法保证其他的细分市场也可以顺便得到满足，同时，这种方法需要企业投入大量的资源，短时间内却看不到什么收益。

选择价格更有吸引力的细分市场

偶尔，我们会发现有些客户群没有或者只有少数几个不足成果，而其他客户群会对产品或服务提出更高的要求，不足成果也更多。

在这种情况下，我们可以制作一张图，如图 5.2 所示，把客户群按照其接受的价位和对产品性能的要求定位到相应的位置。通过这种方法，企业可以确定哪些客户群更容易接受低价位产品，而哪些客户群希望产品多些功能，价格高一点也可以接受。

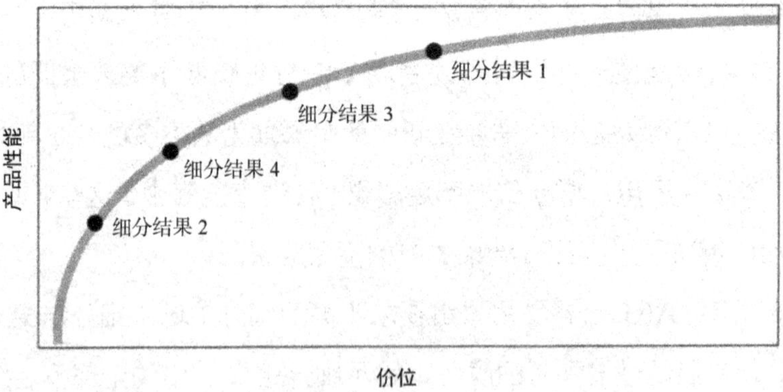

图 5.2　按照价位选择目标市场

市场新晋企业，或者想要进行突破性创新的企业会发现，首先选择价位最低的客户群往往是最佳策略。因为企业如果选择要求最低的客户群，或者超出的客户群，那么它们就有最大的可能生产出满足客户全部价值要求的产品，而同时企业还能保持盈利的商业模式，让其他对手望尘莫及。

为什么市场选择策略能够使企业获得独特而有价值的竞争位置

根据哈佛商学院米歇尔·波特教授的观点，竞争与企业策略的核心是企业定义什么是富有客户独特而有价值的竞争地位的能力。①成果导向型研究，以及我们在研究中发现的市场机会能够帮助企业系统地对这样的竞争地位进行定义。

记得我们是如何定义市场机会的吗？市场机会是客户认为重要，但是现有产品不能很好地满足的成果。也就是说，还没有任何产品能够完全满足这一成果。而最先实现这一成果的企业将会从其他企业中脱颖而出，获得独特的竞争地位。

我们还是以康乐保皮肤和伤口护理部门为例。几个不足成果在康乐保的竞争策略中占有举足轻重的地位。这些成果都是围绕一个主题的：避免情况复杂化。康乐保知道如果它们能够成功地解决那些不足成果，它们就可能获得市场上独特而有价值的竞争地位。因为没有任何其他竞争者认识到了这些市场机会，也没有任何企业公开帮助客户避免皮肤和

① 米歇尔·波特. 什么是策略［J］. 哈佛商业评论，1996（11）：61-78.

伤口情况复杂化。康乐保随后的销售和研发活动都紧紧围绕着这几个不足成果，而客户的反应也十分热烈，因为他们认为康乐保对产品做出的改进是非常有价值的。

企业通常认为形成有效的竞争策略是十分困难的，因为它们并不知道它们的产品不能满足客户的哪些成果，也不知道对手的产品不能满足哪些成果。然而成果导向型目标市场选择策略可以帮助企业发现这些不足成果，进而指出那些最有利于企业实现营收增长的市场机会，也就是那些能够帮助企业在市场上保持独特而有价值的竞争位置的市场机会。如果企业能够从数据上发现并证实这些市场机会和竞争位置的价值，那么企业的创新策略就会更加有理可循。

为什么企业抓不住重要的市场机会

在第3章中，我们讨论了为什么有些市场机会通常不会被发现。一般来说，因为企业对市场机会没有正确的定义，它们没有获得足够的客户输入帮助它们发现市场机会，在为市场机会排序时，它们也缺少有效的方法。我们还揭示了如何解决这些问题，从而正确地定义市场机会，确定优先顺序，最终抓住市场机会。在这里我们想说的是为什么有些企业抓不住市场机会，即使它们已经发现市场机会的所在之处。

面对一系列需要优先发展的市场机会，经理们必须小心处理，一方面是他们发现的市场机会，另一方面是他们已知的信息和相信的内容。假设所有市场机会数据都是正确的，那么经理们只有以下两个选项：接受数据，做出反应，或者拒绝相信数据而坚持自己的一套想法。我们会说唯一合理的选择就是接受数据，做出反应。然而在极少数情况下，我们也见到过经理们花费企业大量时间和财力进行成果导向型研究，最后却完全无视那些数据结果。为什么？在我们后来的研究中，我们发现经理们如果拒绝相信数据，那么往往有以下几种情况：

他们没有获得“正确的”答案。我们发现有些时候，经理们进行调查，只是为了帮助他们确认一直以来相信或者想要追求的想法。而如果研究结果与他们想要的结果背道而驰，他们可能就会决定拒绝接受这些数据。

他们认为结果威胁到了他们的职位。有时，我们看到一些经理拒绝接受研究结果，因为这些研究结果可能会威胁到他们的前途，甚至会造成他们失业。这通常是因为其他人已经对研究结果展示出的市场机会怀疑很久了，而只有经理自己没意识到。在这种情况下，他们自然而然地想要保护自己的声誉，然而维护他们的声誉却需要公司付出代价。

发展这些市场机会需要企业开发新的能力。我们还发现一些情况下经理们会拒绝研究结果，因为结果显示他们需要在公司内部开发新的能力，然而经理们可能对新的方面并不感兴趣，或者他们不愿意承担新的责任。

那么，经理们如果不想接受这些研究结果，他们是怎么回击的呢？我们见过两种情况：第一种情况是经理们直接质疑数据的收集方法有问题（比如调查问卷是否合理、受访者是如何找来的，以及样本是如何设计的），从而对整个调查的有效性提出质疑；第二种情况是经理们会进行其他研究，有意地造成冲突的结果，或者经理们会使用其他已有研究的结果，试图否认当前的研究结果。

想要获得成功，企业需要知道市场上存在哪些市场机会，无论这些市场机会是什么，它们都需要对这些市场机会保持开放、积极的心态。市场上的市场机会太多了，而对那些已发现的市场机会熟视无睹显然不是一个好的选择。

小结

当市场上出现市场机会时，企业经理必须从中选择一个作为目标。有效的目标市场选择策略能够在产品的不足方面增加功能，提高产品性能（但不一定会增加成本），同时在超出的方面减少功能，降低成本。企业的产品和服务必须能够让客户全盘接受，但又不超出客户的接受范围，这样客户就无须为他们不想要的功能埋单。

大市场上存在的市场机会包括：

- 一个主题下彼此相关的市场机会。
- 代表不同增长方式、彼此无关的市场机会。
- 可以通过一种新的辅助产品实现的一个市场机会。
- 增加不必要成本的超出成果。
- 针对技术研发和长期增长的市场机会。

企业可以通过成果导向型细分法，发现具体的细分市场上的市场机会，从而找到实现价值创造的其他路径。

对企业来说，选择何种市场机会至关重要，对企业接下来的行动有着重大的影响。如果企业能够做出明智决策，就再也不用担心在超出成果上浪费资源，或者在提高某些成果时破坏了其他方面的用户体验，最终导致失败。恰恰相反，企业能够自信满满地进行接下来的商业活动，因为它们知道它们的资源投入将会成功地创造客户价值。

第 6 章

定位当前产品

将市场机会和有价值的产品功能相结合

- 为什么企业的宣传策略常常无法体现产品的真实价值
- 进行有效宣传的前提条件是什么
- 如何宣传是最有效的
- 企业应该从哪个角度宣传产品
- 销售团队如何对企业收入产生直接的影响
- 成果导向型品牌优势在哪里

在企业发现那些不足成果，并从中选出代表最佳增长和创新市场机会的成果作为目标后，企业就可以充分利用这些市场机会，增加营收。这一过程主要通过以下三种不同的方式：

- 如果企业的产品已经满足了目标不足成果，那么更好地宣传和利用这种优势可以帮助产品增加销售量。
- 如果企业正在开发那些最能够满足目标市场机会的产品或服务，那么把这些产品和服务快速引入市场可以帮助企业实现营收增长。
- 针对那些满足其他市场机会的产品和服务概念，企业可以把它们当作长期的发展目标。

比如，Cordis 公司在 1994 年制定了解决 15 个不足成果的计划。它们发现它们已有的扩张气囊产品可以满足其中的 3 个目标，而这件事它们从未和任何人提起过。为了充分利用这一优势，Cordis 公司重新调整了公司的宣传和销售策略，重点宣传产品在这 3 个不足成果的突出性能。短短 6 个月之内，仅仅依靠新的宣传策略，Cordis 公司将其市场份额从 1%扩大到 5%。接下来，Cordis 仔细分析了其开发计划，并发现在大约 40 个计划项目中，其中有一项——血管支架可以解决市场上一个最大的不足成果，即最小化治愈后血管再狭窄的概率。随后，Cordis 公司重新调整了其发展资源，安排更多开发人员在血管支架项目上。最终，Cordis 公司成为第一个把此类产品带入市场的制造商。就如我们在第 5 章中提到的，血管支架迅速成为医疗器械史上卖的最快的产品。然而 Cordis 公司并没有停下它们的步伐。它们又设计了一系列新的产品功能，以满足剩下的十余个不足成果。一年半以后，Cordis 公司发布了一系列血管成形术扩张气囊产品，实现了公司市场份额从 5%到 20%的飞跃，也使 Cordis 成为血管成形术扩张气囊市场上首屈一指的大公司。这些就是企业在进行成果导向型创新接下来的步骤时可以获得的收益。

第 7 章和第 8 章分别回答了关于如何通过调整开发计划中项目的优先顺序开发新产品，以及如何创造突破性产品的问题。而第 6 章阐释了企业如何才能增加其现有产品的销量。这是成果导向型创新中的第六步，方法很简单：企业必须对它们现有的产品进行评估，判断其满足当前市场机会的程度，然后对产品的定位、宣传和品牌塑造等策略分别进行评估。如果当前的产品或服务很好地满足了一个或多个不足成果，企业必须让客户知道这一点。好的宣传策略能够让客户知道产品的优势，这些优势就是增加当前产品销量的关键。

为什么企业的宣传策略常常无法体现产品的真实价值

企业或许有一个非常伟大的产品，然而如果企业不能很好地向客户传达产品的价值，那么产品就不能产生最大利润。尽管营销经理们也知道这一点，我们仍然发现很多产品定位和宣传策略常常无法传达出产品的真正价值，因为企业并不知道市场上存在的市场机会，或者它们的产品宣传非常模糊而不能击中目标，又或者它们依然使用着过时的信息。

企业不知道市场上存在的市场机会

就像我们在之前几章提到的，很多企业并不知道它们的客户想要实现的全部成果，也不知道哪些成果是不足的。没有这些基础信息，公司怎么可能得出好的宣传策略，将产品性能与客户的不足成果联系起来?要是没有这些信息，企业想要把产品特色和客户的不足成果联系起来，就只能靠运气了。企业如果不知道市场哪些方面存在市场机会，它们往往容易围绕不重要的成果进行宣传，或者围绕着那些已经得到满足的成果进行宣传，使客户无法得知产品潜在的真正价值。例如，一家软件公司，在它们完成成果导向型研究之前，它们已经想好了宣传新产品，然而它们却没有根据不足成果来突出产品的优势。它们原本没有办法击中市场，然而它们改变了宣传策略，最终获得了巨大反响。

| 模糊的产品宣传，不能击中目标

企业在宣传产品时往往会使用一些与客户需求相关的形容词，如"可靠的""始终如一的""强劲的"，或者使用一些描述产品能够给客户带来的好处的形容词，如"更快""更好""更便宜"。然而就像我们在第 2 章提到的一样，这些类型的描述非常模糊，一点都不精确，客户可以有很多种方法来理解这些词汇。

举例来说，一个剃须刀制造商在其产品上添加了橡胶手柄，然后宣称它们的产品非常好用，这时消费者只好自己思考为什么说这个产品是好用的，因为剃须刀的橡胶手柄能够最小化剃须刀湿滑时从手中掉落的可能性（一个不足成果）。然而消费者可能不会产生这个联想，那些想不到原因的消费者可能就不能理解产品的真正价值所在，也就不太可能购买这个产品。一般来说，针对客户需求和能够给客户带来的好处的描述往往不会指出一个产品相较于其他产品的优势。因此客户必须自己发现这一空白，也就是说产品的优势是否能传达给客户，多半要靠运气。那么，干嘛要冒这个险呢？所以，精准的产品宣传，不要模糊，才是把产品的真正价值传达给客户的关键。

过时的信息

采用成果导向型创新的企业都清楚，尽管我们对成果的描述是稳定的，不会随时间发生变化，然而一旦某一成果得到满足，它就不再是企业实现营收增长的市场机会。如果企业的产品一直在宣传一个已经得到很好地满足的方面，那么就不会再引起客户的共鸣。这就意味着，为了保持企业的产品宣传一直是有效的，企业就需要随着时间的改变调整策略。例如，当产品在去污方面有独特优势时，“污垢克星”可能是一句很好的宣传语，然而一旦市场上所有的产品都担得起“污垢克星”的美名，这句宣传就变得没有意义了。它无法将产品的优势和其他不足成果联系起来，因此无法向客户传达产品的真正价值。因为价值是会转移的，创新必须成为一个动态的过程，宣传也是如此。如果企业一直坚持过时的宣传策略，那么只会造成产品销量放缓，企业也只能停下快速发展的脚步。

进行有效宣传的前提条件是什么

尽管企业现有的产品或服务已经满足了一个或多个不足成果，然而企业的宣传策略却没有办法把产品的优势传达给客户。这不仅仅是可能发生的情况，事实上，市场上常常会出现这种情况。好的宣传策略可以将企业和它们的客户连接起来，想要形成良好的宣传策略，必须满足以下几个条件。企业必须：

- 认识到市场上存在的市场机会，即知道哪些是不足成果。
- 拥有能够切实满足不足成果的产品。
- 认识到产品的哪些功能具体满足哪些不足成果。
- 确定企业现在的宣传策略是否有效，如果无效，企业需要弄清楚是哪里出了问题。

在这个过程中，每一步都可能出现问题，这种情况是非常常见的，但是这些问题会导致产品错误的定位，形成错误的宣传策略，降低产品销量。

认识到市场上存在的市场机会

就如我们之前提到的，认识到市场上存在的市场机会是成功的前提。企业必须接受市场上存在的市场机会（不足成果和超出成果），必须有能力发现市场上存在的市场机会，也必须知道如何对市场机会进行排序，如何从市场机会中做出选择。我们在第 1 章到第 5 章中解释了如何实现上述目标。一旦这些不足成果被确定下来，并按照优先开发的顺序进行排序，企业就可以开始着手形成有效的宣传策略。

拥有能够切实满足不足成果的产品

知道存在的市场机会后，企业必须确定它们当前产品对不足成果的满足度，同时充分利用独特的产品优势。例如，某一成果的市场机会指数很高，如果某一企业的产品能够很好地满足这一成果，且产品超出其他竞争者的同类产品，那么这就是这家企业在一个普遍不足的领域具有的竞争优势。告诉客户这个产品能够满足它们的不足成果，产品的销量很可能就会增加。康乐保在让客户知道它们的产品能够帮助客户避免伤口的情况复杂化后，产品的销量在短短六个月内实现了双位数的增长。

通常，企业可以通过两种方法检验它们的产品或服务是否能够解决不足或超出成果。它们可以从外部进行量化研究，也就是从客户处直接获得客户满意度数据，或者它们也可以从内部着手，请员工对公司的产品进行客观的评价。

从外部进行的检验方法主要依靠我们在第 3 章提到的几种量化研究方法。往往，这种分析结果看上去会像我们在第 3 章表 3.2 中总结的圆锯市场的分析结果一样。在表 3.2 中，每个成果上，所有市场竞争者都有一些成果的市场机会指数非常接近。但是让我们假设博世发现它们的产品和其他两家竞争对手的产品相比，在某一项成果中高出很多（如表 6.1 所示，我们这里仍然使用虚拟数据）。那么，我们就能发现最大的市场机会（市场机会指数达到了 12.4）是客户希望最小化调整倾斜角度所需的时间。尽管很多人认为这一成果是没有得到满足的，但还是有 65%的博世圆锯使用者对博世产品在这一方面的表现非常满意（博世的一栏中，数据为 6.5）。相比之下，只有 38%的牧田圆锯使用者和 35%的得伟圆锯使用者对各自产品的表现满意。这意味着，博世圆锯的设计相对其他两家，有非常大的优势，能够更好地完成目标任务（最小化调整倾斜角度所需的时间）。用户反映的产品优势是否确实存在，是由企业的工程人员和管理层决定的。

表 6.1 产品满足市场机会的程度

圆锯产品的目标成果	重要性	满足度	市场机会指数	满足度			
				博世	得伟	牧田	其他
最小化防护装置挂住材料的可能性	8.3	4.2	12.4	6.5	3.8	3.5	3.3
最小化电缆卷入切割路径的频率	8.3	5.3	11.3	5.5	4.6	5.4	4.9
最小化看不到切割线的时间比例	7.6	4.4	10.8	4.6	4.4	4.5	3.2
最小化碎屑进入眼睛的可能性	8.5	6.9	10.1	6.5	7.2	7.1	5.9
最小化调整倾斜角度所需的时间	8.7	7.7	9.7	7.8	7.6	7.7	7.3
最小化圆锯被偷的可能性	7.6	5.5	9.7	6.2	4.8	5.5	5.5
最小化锯歪的可能性	6.5	6.1	8.9	6.3	5.9	6.1	5.7
最小化清理圆锯所需要的时间	6.5	6.2	4.8	6.1	6.3	6.2	6.3
最小化更换刀片的频率	4.4	6.7	2.1	6.8	6.4	6.7	6.7

我们认为外部分析要优于内部分析，因为外部分析依赖的是真实的客户反应，从本质上来看是非常客观的。然而有时候，在进行外部分析时，我们无法获得足够的客户样本。出现这样的情况可能是因为使用产品的客户很少，或者企业并不知道有哪些客户在使用它们的产品，又或许客户不愿意承认他们在用这个产品，也有可能是因为企业没有足够的资金进行外部分析。在这些情况下，企业只好求助于内部分析的方法。最佳的选择是企业组织一些员工组成评估小组，对当前的产品进行客观的自我评估。一般来说，评估小组最好由不同部门的员工组成，这样可以避免员工们用同样的视角审视产品。比如说，评估小组可以包括销售和运营部门的代表、客户服务部门的代表、技术部门的代表及营销部门的代表。如果评估小组想要对产品进行有效的对比，发现企业的竞争优

势，他们就必须能够客观的评价自己的产品和同类的竞争产品。这样获得的数据才能得到我们需要的结论。

认识到产品的哪些功能具体满足哪些不足成果

一旦企业能够确定它们确实在某一普遍不足的领域拥有竞争优势，那么接下来它们必须能够确定产品的哪些方面才是这一竞争优势的来源。如果博世圆锯在最小化调整倾斜角度所需的时间这一方面有优势，那么设计部门必须能够确定是产品的哪一部分使它在这一成果上体现了独特的价值。是因为主轴上的止动器，还是因为快拆组件，或是其他原因？如果企业能发现原因，它们就可以把产品的这一价值传达给客户，而不是只告诉客户我们的圆锯好用。比如，企业可以说“主轴上的止动器可以帮助大家快速调整倾斜角度”，从而将产品独特的功能与具体的不足成果联系起来。把产品功能和不足成果相联系是企业传达给客户产品真正价值的关键。

确定企业现在的宣传策略是否有效

在形成新的宣传策略前，我们最好对当前的宣传策略进行评估，分析当前的策略为什么效果不好，是哪里出现了问题。往往分析结果会显示，企业当前的宣传策略只强调了那些不重要的成果，或是已经得到很好地满足的成果，或者那些超出成果。有一家医疗器械公司发现它们大部分的产品宣传（以及广告预算）都关注在某一成果上，这一成果在企业规划的 90 个重要成果中排在第 67 位。这一成果也很重要（7.5），但也已经得到很好地满足了（6.5），因此这一成果并不是企业改进产品或是进行宣传的重点。

如何宣传是最有效的

企业如果能够确定它们当前的产品很好地满足了一项或多项不足成果，那么接下来要做的就是把产品这一独特价值告诉消费者。在进行宣传时，企业可以选择围绕某一成果主题，也可以选择围绕某一具体成果。

围绕某一主题进行宣传

如果企业幸运地发现它们的产品满足了一系列相关的不足成果，它们就可以围绕这个主题进行宣传。在这种情况下，最佳的宣传策略往往是用一个更为概括性的语言总结所有的相关成果，同时要反映出主题，突出成果。这里有一个非常好的案例，来自康乐保的皮肤和伤口护理部门。康乐保公司的经理们发现在最小化伤口处的细菌增加率、最小化伤口出现坏死组织的数量及其他几个相关成果时，客户对康乐保的产品印象会比其他产品稍好一些，这几个成果都与避免伤口情况复杂化相关，也都是客户非常关心的成果。康乐保进而提出了“避免伤口复杂化”的主题，并把这个定位传达给客户。结果可想而知，这一宣传策略在客户中引起了很大的反响，康乐保的销售量也随之增加。发现并围绕这一主题进行宣传也被证明是极其有效的一步棋。

通常，我们需要把所有相关的目标成果整合在一起，起一个名字，然后就得到了产品的主题。对于企业来说，在评估所有目标成果时发现多个主题是一种非常常见的情况。例如，种子和作物保护公司先正达首先在玉米种植市场上确定了 116 个成果中，有 28 个代表着重要的发展市场机会，而在它们分析这 28 个成果时，它们发现了 5 个不同的主题。其中一个与保护作物免遭虫害有关，另一个则是关于统一种植的问题。每个主题下面包含 3~6 个成果，每个成果都可以成为企业长期定位和宣传的核心。

围绕某一具体成果进行宣传

通常，企业更容易发现它们的产品在仅仅满足某一成果方面做得更好。在这种情况下，最好的策略就是在产品的这一特性和具体的目标成果之间创造联系，就像我们所举的博世圆锯的案例一样，博世在宣传时提到“独特的主轴止动器可以让用户更快地调整倾斜角度”，这一宣传是非常有效的，因为它简洁、温暖，一语中的。

无论是围绕某一主题进行宣传，还是围绕某一具体成果宣传，企业都是想将客户的注意力引到产品的真正价值上，从而缩小和客户间的沟通距离。

企业应该从哪个角度宣传产品

我们已经讨论了如何把产品功能传达给客户，然而有些时候，除了功能型任务，客户还有一些情感型任务想要完成。例如，买车时，购车人可能会想要的情感型任务包括获得成功感、自我满足感，同时让自己看起来更有魅力，而在功能型任务方面，他们可能只是想接送乘客、运送货物，或者能够在地图上获取最快捷的路线。

企业通常认为它们需要满足客户的情感需求，然而如果只是要靠产品或服务的功能或者情感上的特色，可能会给企业带来意想不到的结果，甚至是它们不希望看到的结果。举个例子，1997 年，摩托罗拉的手机部门感觉到诺基亚正步步紧逼，经理们认为他们必须做出点不一样的东西来。他们害怕他们的产品不再吸引消费者，同时意识到他们的营销和宣传活动都没能抓住公众的眼球。于是，他们请来了营销专家，这些营销专家曾经在一些世界级的销售公司工作过，包括宝洁和百事。经过分析，这些专家迅速意识到了问题所在：摩托罗拉的产品对客户来说没有任何感召力，因此，它们的宣传策略急需更新。

作为回应，摩托罗拉针对不同的客户给新产品冠以不同的品牌名称，比如天拓系列（代表强大、领先的技术和应用）、V 系列（代表优雅、时尚和高贵）、时梭（代表高效省时的商务机）、心语系列（代表爱人间亲密的沟通）。每个品牌都是为不同的手机购买者独特的情感诉求而量身定制的。许多年后，摩托罗拉放弃了这一策略，因为时间证明，在手机这一快速变化的市场上，这一耗费公司大量时间和资源的策略最终却是失败的，还造成了公司后面种种混乱局面。那么是哪里出了错？有什么是营销专家们没有预见到的呢？

这么多年，我们一直在对变化莫测的营销活动进行分析，我们发现有些产品（比如香水和化妆品）相对来说功能简单，常常需要帮助客户完成某些情感型任务（比如增加魅力）。这些产品只需要满足的客户成果不过十几个。比如，香水只需要在气味、浓烈、香水瓶造型和包装上满足客户就可以。随着这类市场日趋成熟，对于企业来说，因为产品的功能简单，它们很难从功能的角度将自己的产品同其他同类产品区分出来——需要满足的成果就那么几个，企业没有足够的发挥空间。事实上，这种情况就迫使各大企业思考如何从情感角度将自己的产品同其他产品区分开，从而建立并保持客户对品牌的忠诚。对于这些企业来说，选择感情攻势是企业生存必需的。

另外，我们发现有些企业的产品是高功能型产品（比如医疗器械、金融服务、电脑和软件工具等），所有这些产品都必需同时满足 50~150 个目标需求，甚至更多。这一类的产品从功能方面就可以彼此区分开来，而这些产品的购买者很少是因为情感原因才来购买这些产品的。比如，进行心导管手术的专科医师，他们在进行手术时并不关心某一品牌给他们留下什么印象，他们只关心产品的性能如何，是否能成功完成手术。在这种情况下，如果想从情感的角度让医师们建立起对某品牌的忠诚，就太可笑了。只有产品不断表现出高性能，才可能在这种情况下培养起消费者的品牌忠诚度。

这样看来的话，摩托罗拉，作为高功能型产品的生产商，想要从情感角度塑造品牌形象，失败是必然的。手机的功能是非常复杂的，而在 20 世纪 90 年代末，许多功能都还没有得到完善和充分利用。一些基本功能，如防止电话掉线，在市场上仍然是非常大的市场机会。只有在所有或者大部分必需功能都得到满足后，考虑从情感方面区别产品的策略才值得企业考虑。

在对我们的研究结果进行总结之后，我们根据产品不同的功能和情感特色，将可能出现的情况分入了四个象限，如图 6.1 所示。

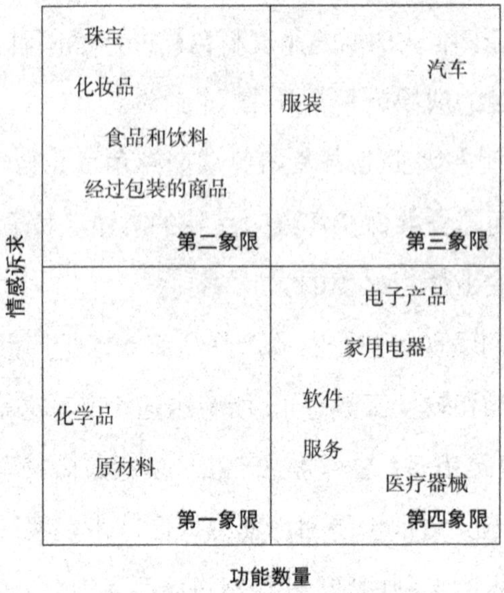

图 6.1 情感诉求 vs 功能数量

在第一象限（产品功能少，情感诉求低）中涉及的行业有原材料和化学品行业。这些行业的产品的功能型和情感型成果都很少，因此，这些领域的企业如果想要对产品进行更好地定位和区分，我建议它们可以从其他方面入手，比如服务或是成本。例如，道康宁在其有机硅产品方面就运用了这一方法。它们的商业模式成本很低，它们称之为 Ziameter；如果客户想要增值服务，还可以以稍高的价格购买道康宁旗下的相同产品。

第二象限（产品功能少，情感诉求高）中包含的行业有珠宝、化妆品、食品和饮料，以及一些需要包装的产品。这些行业的企业花费大量时间从情感的角度进行宣传，它们确实应当如此，因为这些行业中的许多产品功能有限。然而，如果它们想获得更多的收益，就应当试着增加产品的功能。这不仅能够帮助它们从另外一个角度将自己的产品同其他产品区分开来，还可以为产品增加客户价值。例如，一些饮料行业的企业，如红牛、SoBe 和酷乐仕，都逐渐向着功能型饮料发展，它们在饮料中添加一些其他成分，远远超出客户解渴的需求。这些产品帮助人们保持精力充沛、增加体能和专注力，使客户可以完成更多任务，使产品从功能的角度看更有价值。

第三象限（产品功能多，情感诉求高）中，我们看到了服装和汽车行业。尽管在这些产品的功能性非常高，它们同样对客户的个人塑造非常重要，这些产品塑造了使用者在别人眼中的形象。因此，在区别产品时，情感因素是非常重要的。然而，我们并不是说我们可以忽视这些产品的功能。对于这些产品来说，好的宣传策略和品牌塑造策略应当双管齐下。就像在汽车行业中，我们看到雷克萨斯就是一个非常好的例子，雷克萨斯的宣传策略既包含了功能方面的成果，又满足了人们的情感诉求。

在服装行业，设计师们常常试图引起客户的情感共鸣，这对大多数设计师品牌都是非常重要的一方面。然而我认为一些著名品牌的设计师（比如说有些品牌生产服装只不过是其香水产品的拓展）对产品的功能型成果没有足够的重视。而反过来，那些非常重视功能型成果的服装厂商，如汤米·巴哈马，GAP，在近些年都获得了极大的成功。想要建立成功的品牌，设计师们必须同时考虑产品的功能和情感两个方面。

第四象限（产品功能多，情感诉求低）中可以看到电子产品、家用电器、软件、服务、医疗器械等行业。就如我们之前提到的，这些产品宣传的主要精力应当放到产品功能上，因为这些产品对客户没有什么情感上的感召力。那么，关键的问题是找出产品在哪个功能成果上可以从其他产品中脱颖而出。然后，如果企业能够成功地满足功能方面的不足成果，企业就可以寻求产品在情感领域的价值，也只有这样，它们才不会走摩托罗拉的老路。苹果电脑就是这样一个好的案例，苹果在其电脑和播放器上增加了很多吸引人的特色，然而这些是在苹果产品已经满足高功能性的要求之后。

如果产品的目标任务非常模糊，那么想在功能和情感之间找到平衡就非常难了。比如贺曼公司的派对部门服务的对象常常是那些处于情感需要购买产品的客户，比如他们希望“让我们的孩子觉得我是这世界上最好的家长”。然而一旦家长们决定为孩子举办一场派对，那么这项任务的成功完成就完完全全成为一个功能型目标。如果贺曼过去强调产品的情感方面而忽视了产品的功能，那就大错特错了。

综上所述，我们能学到些什么呢？不同的市场需要不同的宣传策略。摩托罗拉就在这一点上栽了跟头，它们以为对于销售巨头们有效的宣传策略对于摩托罗拉来说一样有效，然而它们没有想到那些销售巨头所在的市场是低功能性市场，而摩托罗拉所处的是高功能性市场。

总的来说，企业应当根据它们的客户想要实现的功能型任务和成果，来确定宣传策略，只有在产品的功能得到充分利用时，企业的宣传策略才能向情感方面发展。我们用运动产品行业的一个例子来阐释这一问题。在 20 世纪 60 年代，最流行的帆布鞋品牌是 PF Flyers。它们的产品实现了客户一些功能方面的成果，为穿鞋的人提供所需的支撑和稳定性。多年以后，匡威开始流行，因为在满足客户功能型任务和成果方面，匡威比 PF Flyers 做得更好，然而匡威并没有试着从情感方面影响消费者。

接下来，耐克接管了帆布鞋市场，它们关注到了消费者关心的功能型和情感型的任务。当然，这种进步只有在某些行业是有意义的。这些行业的产品和服务可以改变客户的形象和给别人留下的印象。

销售团队如何对企业收入产生直接的影响

很多销售策略要求销售团队发现客户的“需求”，然后为客户提供满足他们需求的解决方案。然而正如我们看到的，通过传统的方法，企业常常会从客户那里得到模糊的信息，进而形成有误导性的产品宣传，要么会给客户推荐错误的产品，要么会传达给客户一些他们并不想要的产品特色或优势。而另外，如果销售团队从一开始就知道客户的成果，并能确定哪些是不足成果，那么他们就能够形成有效的宣传策略和解决方案，将重要的客户联系起来，最终实现销量上升。

很多进行成果导向型创新的公司中，它们的销售人员只用很简单的工具就可以充分利用市场细分的结果。通常，销售人员需要与客户进行沟通，然后销售人员根据调查结果，按照成果，确定将客户归入哪一细分市场（使用第 4 章中的方法）。通过这种做法，销售人员可以获得有用的信息，指导他们的销售活动。比如，一家药物输注泵公司的销售人员如果能提前知道即将采访的客户在“操作程序时总会遇到困难”，销售人员就可以选择这样的宣传策略：突出产品简单易操作的特点，同时传达给客户产品程序方面的价值。销售人员可以将准备的问题，以及后续的分析计算法则输入到 Excel 电子表格中，同时，这对整个销售团队来说也会是一盏指明灯。

成果导向型品牌优势在哪里

企业已经发现了成果导向型的思考方法能为企业塑造独特而强大的品牌打下坚实基础。与传统的品牌不同，成果导向型品牌强调从客户的角度审视产品和服务完成任务的情况。换句话说，成果导向型品牌将产品和任务联系起来，例如，电动工具制造商米沃奇按照成果，为其往复锯系列产品建立了一个新的品牌，叫做 Sawzall。不同于圆锯，往复锯在切割时刀片来回往复运动，模仿传统的手持式圆锯的运动。电工、水管修理工或是其他从事拆迁、修理工作的人常常需要使用往复锯，帮助他们切割木头、金属、钉子、石膏板或者其他建筑材料。米沃奇将它们的产品围绕这一成果定位，并设计出 Sawzall 系列产品，它们的宣传思想就是：Sawzall，凡来者，皆可锯（“Sawzall”的含义就是：能锯任何东西）。在此后的 20 多年，米沃奇一直统领着往复锯市场，而 Sawzall 常常被用来指代往复锯产品。

其他品牌如果想要和成果导向型品牌一较高下，很难能够显示出优势。如果企业的品牌是根据成果建立的，那么客户就会非常清楚产品能够帮助他们完成哪些任务，这样就减少了客户在做选择时出现困惑、混乱的状况。聪明的品牌名称可以将产品和客户的目标任务联系起来，这样每当客户思考要完成的任务时，就会想到这个产品，长此以往，客户对任务和产品的反应可能几乎是同步的。当然，这种情况只可能出现在企业运用成果导向型的方法进行品牌塑造和销售活动。

小结

一旦企业从不足成果中挑选出那些最具发展和创新潜力的市场机会，它们就能够充分利用这些市场机会，通过提升当前产品或服务的销售量实现营收增长。只要通过更好地宣传、利用产品在满足目标不足成果方面的优势，企业就能实现这一愿景。如果企业的产品满足了一项或是多项不足成果，那么企业就要形成有效的宣传策略，告诉客户产品所具有的这些优势。最有效的宣传策略会清楚地表达出产品在那些普遍不足市场方面上具有的优势。

想要让企业的宣传策略在企业和客户之间架起沟通的桥梁，就必须满足以下几个条件。企业必须：

- 认识到市场上存在的市场机会，即知道哪些是不足成果。
- 拥有能够切实满足不足成果的产品。
- 认识到产品的哪些功能具体满足哪些不足成果。
- 确定企业现在的宣传策略是否有效，如果无效，企业需要弄清楚是哪里出了问题。

在这个过程中，每一步都可能出现问题，这种情况是非常常见的。这些问题会导致产品错误的定位，形成错误的宣传策略，降低产品销量。

谈到销售策略时，企业必须选择它们是从功能角度出发，还是从情感角度出发。如果把产品放到功能—情感矩阵中考虑，那么做这个决策会轻松很多：功能多，而情感诉求低的产品（比如医疗器械或金融服务）应当选择功能型宣传策略，而那些用来塑造客户形象的产品（比如服装和汽车），在宣传时则应当兼顾两个方面。

在这一章中，我们介绍了企业应当如何塑造品牌形象，那就是要能够反映出它们可以帮助用户实现的目标任务。比如在往复锯市场上，米沃奇创建了 Sawzall 品牌，从品牌的名称上我们就可以看出产品的特点（“Sawzall”的含义就是：能锯任何东西）。企业如果能够通过产品名称将产品和客户任务联系起来，那么它们就能够让客户每当想起要做的任务就想到品牌和产品，从而在客户的脑海中形成长久的印象。

第7章

优化开发次序

择优汰劣

- 企业在对项目排序时会面临哪些问题
- 在选择项目时应该采用什么方法
- 哪些项目应该优先开发
- 在为项目排序时还要考虑哪些其他因素

如今竞争压力越来越大，而预算又在收紧，企业不能再把赌注押在十几个创意上，然后希望其中至少会有几个成功的。我们需要一种新的方法来确定企业开发规划中哪些项目应当优先开发，这种方法必须能从许多创意中挑选出最具有客户价值、能为企业带来最大利润的项目。

在上一章中，我们讲了如何通过提醒客户注意到满足他们需求的产品，向他们传达产品真正的价值，来提高已有产品线的销量，实现增长。对于企业来说，这是实现短期增长的好方法，因为企业需要做的只是改变宣传策略，而不需要改变产品本身。但想要延续发展的势头，企业就必须对其开发规划中的十几个项目进行评估，然后确定哪些产品功能、创意和理念能够最大程度满足剩下的目标不足成果。在做出选择后，企业必须投入项目所需的资源，尽快使新产品或者新功能面市。

我们之前提到过，血管成形术扩张气囊生产商 Cordis 公司发现其 40 多个计划项目中，血管支架能够满足一个最重要的不足成果（最小化治愈后的血管出现再狭窄的可能性），于是，Cordis 公司重新调整其开发资源，将精力放到开发血管支架项目上，试图在其他对手之前将血管支架推向市场。后来，Cordis 公司大获成功，一举占领市场领先地位。

这一章，我们将关注成果导向型创新的第七步，企业需要用这一方法对其开发规划中的产品和服务进行排序。这一方法背后的道理很简单：最能够满足市场目标市场机会（也就是不足的客户成果）的产品和服务应该优先发展，同时获得企业的发展资源以尽快投入市场。至于那些不能满足目标市场机会的产品或服务，企业应该重新考虑。通常，企业也会选择放弃那些不能满足目标市场机会的产品或服务。使用这种成果导向型的排序方法，企业可以同时实现三个重要的商业目标：它们可以向客户提供有竞争力的产品，可以更快地将有价值的产品推向市场，还可以在发展过程中减少不必要的花销。在完成这一步后，企业可以获得运营方面的竞争优势，即花费更少的时间，用更低的成本，在市场上拥有更多有竞争力的产品。

企业在对项目排序时会面临哪些问题

企业在其发展的不同阶段，会有20~120个发展项目。如果不能进行有效的筛选，那么企业往往无法剔除那些没有竞争力的产品创意和理念。我们研究了一般情况下，企业如何对开发规划中的项目进行优先顺序的排序，然后我们发现企业常常会在这个过程中遇到问题，因为它们：

- 不能确定哪些产品概念能够满足市场上存在的市场机会。
- 觉得必须要面面俱到才不至于措手不及。
- 发现已经在某个项目上投入资金后，觉得很难割舍。
- 不能分配足够的资源到项目上，使其快速发展。

如果选择成果导向型创新，那么这些问题在很大程度上都可以消除掉。

不能确定哪些产品概念能够满足市场上存在的市场机会

企业遇到问题的直接根源是企业根本不知道市场上存在哪些市场机会。很多企业并不清楚其客户的目标成果（当然不是客户所有的目标成果），或者它们不清楚哪些成果的满足度是最低的。因此，企业必须选择其他方法对开发规划中的项目进行排序。它们试图按照某种方式进行猜测，或者选择相信它们的销售团队，因为销售人员总是认为他们知道哪些产品功能能够帮助企业在竞争中取胜。还有一种情况，企业经常会按照管理层的意见，发展这些人心目中的得意之作。它们还可能会对竞争对手的新举措做出回应，把资源从它们自己可能的突破性创意上撤走，转投他处，尽管它们并不确定它们的竞争对手选择的是不是真正的市场机会。

必须面面俱到

因为企业并不知道市场上哪里有市场机会，所以它们总觉得有必要多投资几个项目，想着至少其中一些会成功。它们认为这种策略避免了被竞争对手落下的可能，也能够预防对手攻其不备。如果它们的对手选择在某一方面进行投资，企业往往会觉得需要进行类似的投资，这并不是因为它们知道对手是对的，而是因为它们并不敢确定对手是不是错了。如果一个看起来还不错的主意是由一位非常受人尊敬的项目策划人，或是一位有才干的管理人员提出的，企业会觉得它们必须支持这个计划，这也不是因为企业可以肯定最终的产品一定会让客户喜欢，而是因为它们不敢自信地说最终的产品可能会失败，也完全不值得投资。

这种策略的代价太大。企业总是觉得需要把各个方面照顾到，这样企业就会在开发规划中安排许多项目，浪费企业的资源，因为每个项目都需要耗费企业的努力和精力。

难以终止项目

终止一个项目有多难？这方面的文章已经有很多了。2003 年 2 月，《哈佛商业周刊》上有一篇文章，名为“为什么终止一个糟糕的项目那么难”，文章中，管理学教授伊莎贝拉·罗耶提到，很多项目很难被终止是因为“经理们心中存有炽热而坚定的信念，他们认为这些项目毫无疑问一定会成功”。罗耶教授认为，这种信念是非常原始的。往往是因为一位优秀的项目策划人提出了这个项目，他说服大家这个项目一定会成功，让人们心中迸发出对这一项目的激情和冲动。然而他之所以这样说常常是因为一种直觉，而不是建立在强有力的证据上。这位项目策划人的热情会点燃其他人的热情，这是因为其他人也愿意相信项目一定会成功，如果提出人有非常高的人格魅力，同时一直以来和同事们保持了良好的人际关系，这种情况尤为突出。这样一来，这种一厢情愿的想法会感染整个公司，这种信念在传播的过程中会不断加强，常常会达到顶峰。就是这样一种动力，让终止一个项目变得非常困难，所有人都相信这个项目一定会成功，哪怕已经出现失败的迹象。经理们在决定终止项目时总是再三犹豫，因为他们相信只要再多一点努力和投资，这个项目就一定会成功。

不能分配足够的资源到项目上，使其快速发展

因为企业总是倾向于投资多个项目，超出了它们的能力范围，它们被迫把有限的资源分散到许多项目上，最终导致很少有项目能够得到快速发展所需的足够的资源。这样反而制约了企业的发展速度，让行动迅速的对手有了可乘之机。这种缺乏规划的创新方法，使财富 1 000 强企业每年损失超过 500 亿美元，同时导致那些有价值的市场机会不能获得资源发展。

在选择项目时应该采用什么方法

我们研究出了一套对企业开发规划中的项目进行排序的方法，这套方法要求企业：

- 清楚地知道客户的目标成果是什么。
- 知道哪些成果是最重要的，而满足度最低。
- 筛选出市场机会，并将其定位目标。

从第 1 章到第 5 章，我们终于走到了这一步。现在，我们掌握了需要的信息，可以开始对项目的优先开发顺序进行排序了。

整个评估过程有四个基础步骤：第一，企业必须确定对哪些项目和创意进行评估；第二，企业需要组成一个评估小组完成评估过程；第三，评估小组必须对创意进行评估；第四，评估小组必须对结果进行评价。

确定对哪些项目和创意进行评估

在企业开发规划中，所有针对目标市场的项目和创意都应当被纳入评估范围内。这些内容可能包括替换全部产品、发展下一代技术、在现有产品上增加功能，或者其他已经得到资金支持的产品创意或理念。有些情况下，可能仅仅向现有产品增加新功能就可以满足一系列不足成果，而替换全部产品的策略却无法满足任何一个成果，这时，企业可能选择加快产品新功能的开发，而暂停替换全部产品的计划。

组织评估小组完成评估

为了进行评估过程，企业通常会组织一个评估小组，小组人员要求要有能力，而且客观公正，他们可能来自公司的不同部门（研发部门、营销部门或销售部门），也可能是公司以外的人（顾问、客户及合作伙伴）。选择不同小组成员的目的，就是保证组内可以听到不同的声音。没有人会希望看到只由一位项目倡议者来评估自己的项目，尽管他十分优秀。

评估创意

企业对产品创意进行评估，是为了检验这个创意是否能满足每个不足成果。评估小组会估计客户对创意的满意度，每一个成果都会有一个分数。具体来说，评估小组会提出一些问题，如“按照 5 分制，5 分是非常满意，1 分是完全不满意，如果他们发现有 50%的客户都给成果打了 4~5 分，那么这一成果的满足度就是 5 分；而如果他们发现有 75%的客户都给成果打了 4~5 分，那么这一产品的满足度就是 7.5，以此类推。

让我们回到表 7.1，一个药物输注泵制造商对四个创意进行了评估，其中两个是关于产品新功能的，而另外两个则是关于新产品的。表格中的数据都是虚拟的，以保护公司的商业机密。我们需要记得，尽管客户的目标成果可能有 50~150 个，然而企业只需要选择其中几个作为发展和创新的目标，因此表格中只列出了几个成果。因为只有程度最高的不足成果才会成为企业发展、创新的目标，因此这些市场机会的市场机会指数都很高。

表 7.1　项目排序

				评分（满足度）			
				新功能		新产品	
药物输注泵的目标成果	重要性	满足度	市场机会指数	功能 1	功能 2	产品 1	产品 2
最小化启动输注泵时浪费的药物量	9.3	4.2	14.4	4.2	4.2	3.8	7.3
最小化确定负荷剂量所需要的时间	9.3	5.3	13.3	5.3	5.3	4.6	6.9
最小化储药器中药物发挥药效所需的时间	8.6	4.4	12.8	4.4	4.4	4.4	6.2
提高输注针头的准确性	9.5	6.9	12.1	6.9	6.9	6.5	7.9
最小化必须换药的频率	8.7	5.7	11.7	7.8	5.7	6.6	6.8
最小会改变药物浓度时出现错误的可能性	8.5	5.5	11.5	5.5	5.5	5.5	6.5
最小化确定警报原因所需的时间	8.3	6.2	10.4	6.2	7.5	6.2	6.3
	满足度：38.2			40.3	39.5	37.7	47.9

评估小组首先评估的第一个问题是：新功能 1（功能 1：增加储药器容量）对最小化启动输注泵时浪费的药物量这一成果的满足度。假设，评估小组中有 1 个或 2 个人认为新功能 1 能够将成果 1 的满足度提高到 5.6，那他们就必须向小组内其他成员解释，为什么新功能可以产生如此大的效果，把成果 1 的满足度从当前产品的 4.2（第四列中）提高到 5.6。如果一位成员认为新功能 1 会降低当前产品的满足度，那么他也要解释他这样认为的原因。最终，小组成员要对评分结果达成一致意见。

在此项评估中，评估小组认为增加储药器容量并不能对最小化启动输注泵时浪费的药物量起到任何作用，因此他们在这一成果上给了功能 1 和当前产品一样的评分：4.2。

接下来，评估小组评价了功能 1 对表格中第二项成果，即最小化确定负荷剂量所需要的时间的满足度。随后他们又通过同样的程序，评价了功能 1 对表格中所有目标成果的满足度。最终他们发现按照他们的预计，增加储药器容量只有在最小化必须换药的频率方面能够提高客户的满意度，小组成员都认为功能 1 能够极大地提高这一成果的满足度，他们在这项成果上给功能 1 打了 7.8 分。功能 2、产品 1 和产品 2 也是按照同样的方法进行评估。无论何时，如果有小组成员给某一个创意的评分高于当前产品，那么他就必须说明是哪些独特的功能或因素导致他给了更高的分数。这样做可以保证评估过程中的客观性。

评价结果

产品的评价结果和功能的评价结果往往是不一样的。关于新产品的创意往往会在许多成果上都会产生影响，而事实上，如果一个新的产品概念设计得好，那么它可以满足所有的不足成果。在表 7.1 中，我们可以看到产品 1 对目标成果的满足度不高，事实上，评估小组认为产品 1 的满足度（37.7）将会低于当前产品（38.2）。而另外，产品 2 很好地满足了目标成果，得到了 47.9 的评分。（这个最后评分仅仅是每个成果满足度评分的总和。我们也可以用集权的算法进行计算，但是为了使我们的讨论更清楚易懂，我们暂时使用最基本的计算方法。）从这种简单的计算中我们可以得出结论，产品 2 应当继续获得更多的资金进行开发，而产品 1 应当被放弃。

与新产品的创意不同，往往关于新功能的创意不会涉及很多成果，因此，在评价一个产品的新功能时，我们应该侧重于分析产品对某一目标成果的满足度，而不是看它整体的分数。比如，功能 1（提高储药器容量）只对最小化必须换药的频率这一成果有影响，但是功能 1 能够极大地满足这一成果。同样，成果 2（将错误代码转换为易懂的语言，能够让护士快速理解）可以提高最小化确定警报原因所需的时间这一成果的满足度。这两项新功能都应当继续开发，因为它们都能够给客户带来很多额外价值。

此外，如果我们仔细研究产品 2，我们就会发现，产品 2 在以下两个成果上表现并不好：最小化必须换药的频率，以及最小化确定警报原因所需的时间。因此，开发人员应当考虑将功能 1 和功能 2 添加到产品 2 中，这样将会给客户带来巨大的额外价值。这也是企业在完成开发规划评估后经常采用的一种策略性思考和规划方式。

如果企业发现某一特定的创意能够满足某个重要的市场机会，就像 Cordis 发现血管支架一样，那么企业可以考虑最先发展这一创意，因为其结果可能是创造出一个高利润的新产品。如果企业发现在某个项目上，如果只做细微的改动就可以极大地改进产品，就像上面药物输注泵的例子一样，那么企业应该把这些改动纳入考量之中，并且进行资助。而如果企业发现某些创意不能满足目标市场机会，那么它们就应当停止在这个创意上继续投入。实际中，企业可能会遇到各种情况，然而企业的目标是一定的，就是确定哪些创意能够生成客户价值，企业必须把这些产品尽快引入市场。

哪些项目应该优先开发

在选择了一系列目标成果后，企业就可以做出一些排序过程中的重要决定。它们可以确定哪些产品和创意目前：

- 对目标不足成果的满足度最高。
- 无法满足目标成果。
- 针对的是不重要或已经得到满足的成果。

除此之外，它们还能确定应当关注哪些有潜在竞争力的产品，而哪些产品能够加速形成一个有竞争力的发展策略。

假设某药物输注泵制造商认为以下几个成果是关键的不足成果：最小化启动输注泵时浪费的药物量、最小化确定负荷剂量所需要的时间，以及最小化储药器中药物发挥药效所需的时间。那么在进行评估时，这家制造商首先会关注其发展规划中哪些项目最能够满足这些成果。在分析的过程中，他们同时会发现哪些创意不能满足这些成果。在完成这样一个评估后，经理们就可以比较有把握地预测出哪些项目和创意能够实现目标，是值得企业继续追求，甚至是加大投资力度的。

表 7.2 解释了这种分析方法。在表 7.2 中，我们选用了另外四个新产品创意替代表 7.1 中的评估对象。同样，我们没有在表 7.2 中使用真实数据。这一次，评估小组认为创意 1 能够提高几乎全部目标成果的满足度，创意 2 没有满足任何目标成果，创意 3 只满足了一个目标成果（列表中的最后一个），但是表现十分突出，而创意 4（短期内竞争对手可能推出的一个富有竞争力的产品）则需要引起注意，因为创意 4 很好地满足了几个最重要的市场机会。下面让我们仔细分析每种情况。

表 7.2　确定最佳创意

药物输注泵的目标成果	重要性	满足度	市场机会指数	评分（满足度） #1	#2	#3	#4
最小化启动输注泵时浪费的药物量	9.3	4.2	14.4	7.3	3.2	3.8	6.2
最小化确定负荷剂量所需要的时间	9.3	5.3	13.3	6.9	4.8	4.6	6.7
最小化储药器中药物发挥药效所需的时间	8.6	4.4	12.8	6.2	4.4	4.4	6.1
提高输注针头的准确性	9.5	6.9	12.1	7.9	6.7	6.5	7.4
最小化必须换药的频率	8.7	5.7	11.7	6.8	5.5	6.6	5.8
最小会改变药物浓度时出现错误的可能性	8.5	5.5	11.5	6.5	5.2	5.5	5.8
最小化确定警报原因所需的时间	8.3	6.2	10.4	6.2	6.2	8.7	6.2

哪些创意最能够满足目标成果

能够满足优先程度最高的目标成果的创意最有可能创造出客户价值，为企业增加营收。对于企业来说，在开发规划中找到确实能击中目标的一或两个项目，并不是难事，就像 Cordis 公司发现血管支架一样。然而这些项目往往会隐藏在开发规划的众多项目之中，不能取得实质性的进展。一旦企业发现这些项目的价值，它们就会全力支持这个项目，加大资金投入，因为想要实现企业最终的成功，成为市场的第一个发现者可能是至关重要的一个因素。

在进行分析时，一般来说，相比那些只能满足一两个成果的创意，那些满足高市场机会指数成果的创意会获得更多优先发展权。比如，如果某药物输注泵制造商发现有一项创意能够极大地提高全部目标成果的满足度，那么企业会在这个项目上投入更多资金和资源。再比如，某一创意只能满足一个目标成果，这个成果的市场机会指数非常高；另一个创意也只能满足一个目标成果，但这个成果的市场机会指数相对要低一些，那么前者就会获得比后者更多的优先发展权。在企业对项目的优先发展次序进行排序时，成本、风险和企业的投入都是要考虑的因素。如果两个创意都能满足同一市场机会，那么附加成本最低、需要投入最小、技术风险最小的那一个创意会得到优先发展。

哪些创意不能够满足目标成果？

并不是发展规划中所有产品都会满足目标市场机会，有一些相对其他项目来说，会比较容易偏离目标。要注意，目标市场机会可能不包括市场上所有的市场机会，目标市场机会只包括那些最有增长潜力的市场机会。那么，开发规划中的有一些创意，可能只是针对我们所说的“第二梯队”的市场机会，比如那些市场机会指数在 10~11 的市场机会。这些“第二梯队”的市场机会最终也需要满足，但是要在企业满足更大的市场机会之后。在此之前，企业应当削减在这些创意上的投入。或者，可以对这些创意稍加调整，使它们能够满足目标市场机会，或者把这些市场机会与其他市场机会结合起来，如果这种结合能够满足目标市场机会。

至于其他创意，可能就离我们的目标更远一些了，因为它们连“第二梯队”的市场机会都无法满足。一般来讲，针对那些市场机会指数低于 10 的市场机会的项目就属于这个范围内了。企业应当考虑放弃这些创意，因为这些创意，无论是现在还是将来，都不会产生任何客户价值。

哪些创意针对的是不重要或是超出的成果？

我们很容易发现在开发规划中，有一些创意完全偏离目标，这些创意瞄准的目标对于目标市场来说并不重要，或者已经得到很好的满足。这两种创意无论是哪一种，都不过是浪费企业的时间和资源，企业应当完全放弃这类创意。在所有的创意中，这一类创意占到了 10%~25%，排除这些创意可以为企业节省数百万美元的研发支出。

如果一个成果是不重要的（也就是只有 20%或者更少的客户给这个成果的重要性打了 4~5 分，甚至是在要求最严格的客户群中也是如此），那么这个方面就永远不可能产生额外的价值。完成这一任务对客户来说根本是不重要的，这个成果没有什么吸引力，或者说并不是必需的。事实上，企业如果在这方面继续努力下去，那么很可能会增加产品的成本，却无法增加任何产品价值。

如果一个成果已经得到了很好的满足（也就是说满足度高于重要性），那么企业想要在这方面创造额外的价值也是不可能的。客户们已经得到了满足，他们不会愿意花更多的钱，享受更高的满足度。如果某一食品的价格是 1 美元，其脱脂程度已经达到 99.5，那么消费者不会愿意再多花一半的钱，去买脱脂程度达到 99.9 的产品。企业需要知道它们在改进产品的某一方面时，到什么程度就要停止了。

如果企业能够确定某一创意针对的是不重要或是超出的成果，那么企业管理者就可以打破企业上下对某一项目的盲目热情，也能够让项目提出人意识到这个项目是不会成功的。即使是最有天赋的工程人员和设计师，他们也不能够在客户没有意愿的情况下向他们传达价值。

哪些潜在的竞争产品需要引起注意？

企业在对竞争对手即将面市的产品或服务进行分析后，就能够知道竞争产品是否会满足重要的目标市场机会、竞争对手是否有弱点、弱点在哪里，以及竞争对手是否将精力放在了不重要或是超出的成果上。在最后一种情况下，如果企业知道竞争对手关注在了不会产生任何价值的成果上，那么企业就可以尽量避免模仿对手的冲动。

如果企业发现竞争对手即将推出的产品满足了一个关键的市场机会，那么企业很可能需要调整自己产品的优先开发顺序。因为企业可能需要快速的应对方案，这时企业最需要优先开发的项目应该是一个可以与竞争对手相抗衡的产品创意，能够帮助企业迅速赶上对手。在进行过有效的竞争力分析后，企业就知道哪些地方应该努力发展，什么时候要追随对手，而什么时候要停止追随对手。

在为项目排序时还要考虑哪些其他因素

企业如果发现不同创意在满足不足成果时会形成冲突，那么企业可能还会需要对每个创意进行投入和风险等方面的评估。能够以最少投入和风险获取最大整体价值的创意，应当被给予更多的优先发展权。其他的标准常常还包括产品成本和竞争力的可持续性。

如果一家企业的所有竞争对手在某一成果的表现上都优于这家企

业本身，那么这家企业应当优先发展能够帮助其克服竞争劣势的创意，即使这一创意不是企业最先设定的目标。此类成果在市场分析当中往往不会被当作不足成果，因为大部分企业都可以满足这一成果，只有正在进行分析的这一家除外。要解决产品的这一劣势就意味着企业要重新调整其开发规划中项目的开发次序。

有时候，企业可能发现自己面临着一项新的监管限制条件。比如说，如果所有计票机都被要求必须附带有书面记录，那么这一新要求也会对企业的项目排序有影响。企业需要服从这种新要求，相关的创意需要得到优先发展。

最后一项，企业可能还会选择按照企业内部利益相关者的目标成果评估开发规划中的创意。比如，一个项目优先另一个项目开发的原因可能是前者能够缩短企业进入某重要市场所需的时间，或者提高现有产品的销量。在很多行业中，企业常常需要考虑约 50 个与企业利益相关者有关的目标成果。

小结

只要企业知道要选择什么市场机会，企业就能够通过向客户宣传其产品如何能够满足不足成果（向客户传达产品的真正价值），实现已有产品线的净增长。为了实现额外的增长，企业必须确定其开发规划中哪些创意最能够满足市场上剩下的不足成果。企业的目标就是将这些创意迅速引入市场，同时放弃那些不能增加额外客户价值的产品。如果企业能够对各开发项目进行有效的排序，企业就能同时实现三个重要的商业目标。它们可以为客户提供客户想要的优势产品，使有价值的产品更快进入市场，同时减少不必要的研发成本。

然而，很多企业：

- 不能确定哪些产品概念能够满足市场上存在的市场机会。
- 觉得必须要面面俱到才不至于措手不及。
- 发现已经在某个项目上投入资金后，觉得很难割舍。
- 不能分配足够的资源到项目上，使其快速发展。

这些问题的解决方案就是采用成果导向型的方法对项目进行排序。经理们必须挑选出最能够满足目标不足成果的项目，还有那些无法满足目标成果的项目，以及那些目标是不重要或是超出成果的项目。在完成评估后，经理们就可以准确预测哪些项目和创意值得继续投资，甚至是加大开发力度。整个评估过程有四个基础步骤：第一步，企业必须确定对哪些项目和创意进行评估；第二步，企业需要组成一个评估小组完成评估过程；第三步，评估小组必须对创意进行评估；第四步，评估小组必须对结果进行评价。而评估结果实际上依据的是被评估项目和创意向客户传达价值的能力，以及帮助企业实现增收的能力。

第 8 章

生成突破创意

使用定点式头脑风暴法和客户计分卡来创造客户价值

- 为什么传统的头脑风暴法不能产生突破性的创意
- 突破性创意是如何产生的
- 定点式头脑风暴法是如何发挥作用的
- 为什么传统的创意评估方法会失败
- 如何使用客户计分卡评估产品或服务创意
- 成果导向型的创意生成和评估方法在实践中如何运用
- 研发环节在创新过程中发挥什么作用

第8章
生成突破创意

正如我们在第6章和第7章中讨论的那样，一旦企业在市场上确定了目标市场机会，企业就可以着手解决这些市场机会。首先就是通过优化宣传策略，充分利用当前产品具有的产品优势；其次，企业还可以对其开发规划中的项目进行排序，从而将那些最能够满足目标市场机会的产品和服务迅速推向市场。这两个创新步骤可以实现销量增加和企业新的增长，然而企业进行价值创造的过程还尚未结束。我们无法保证企业现有的产品，以及其开发规划中的项目能够满足全部，甚至部分目标市场机会，尤其是在企业刚刚进入市场的情况下。因此，我们显然需要其他的努力。为应对剩下的市场机会，企业必须选择生产新的、可能的突破性产品和产品功能，满足剩下的不足成果，或者通过授权经营或兼并方式来使企业有可能满足其他目标成果。

Cordis公司最早在血管成形术扩张气囊市场上确定了15个不足成果作为目标，然而它们发现它们现有的产品，以及开发规划中的产品只能满足其中的少数成果，为了占领市场上的领先地位，Cordis公司设计出一系列新的产品功能，可以满足余下的十几个不足成果。通过生产新的创意，它们实现了目标。18个月以后，Cordis公司推出了一系列扩张气囊产品，将公司的市场份额从5%扩大到20%。

这一章我们将解释如何通过运用先进的方法生成和评估创意，应对剩下未利用的市场机会。我们将会介绍我们所说的定点式头脑风暴法，这是一个全新的方法，有别于传统的创意生成方法。通过进行定点式头脑风暴，创意的生成过程可以得到简化，避免不必要的复杂性，剔除传统方法中会引入的变量。而对于创意评估，我们将会在这一章中介绍“客户计分卡”，这是一个成果导向型的创意评估方法，企业运用这一方法可以量化新创意可能产生的价值，还可以将新产品的价值与当前产品和竞争产品进行比较。客户计分卡可以帮助企业在进行研发之前就确定一个新的创意或是产品理念是否会成功，这样企业就能保证只有确实可以创造客户价值的创意才会进入企业的开发规划。

为什么传统的头脑风暴法不能产生突破性的创意

很多头脑风暴和创意生成的方法都不能产生有价值的、可行的结果，这主要有三个原因。

第一是因为很少有管理人员知道应该把员工的创造力往哪个方向引导。因此，结果常常是浪费精力、产生数百个毫无价值的创意，而只有为数不多的几个是真正值得发展的，这种模式很普遍。在很多企业中，管理人员要求员工们集思广益，提出新的思路，然而并没有人来告诉他们要关注在哪个具体成果上。相反，他们被要求针对如何改进整个产品进行创意，这就有了很多不同的解读：是改进产品的功能、人体工程学方面的体验，结实度和外观、分销过程，还是产品包装？由于缺少具体的目标，员工们只能按照他们自己希望产品改进的方面来思考，而不是从客户的角度出发。这种散点式的创意生成法根本不会击中目标，因为他们根本没有目标。

让我们假设医护人员在使用药物输注泵时，对启用现有产品时造成的药物浪费不太满意，他们对市面上输注泵的输注精度也不太满意。如果输注泵制造企业中的员工们并不知道客户的这些不满，他们就不知道这些是他们应当关注的成果。他们反而可能会花费大量时间，试图弄清楚如何才能让输注泵体积更小，输液速度更快，尽管客户可能完全不关心这些方面的改进。虽然缺少关注的焦点，但员工们还是尽力想出各种创意，事实上，他们想出了数百个创意。这也就是第二个问题产生的原因，企业衡量一次创意生成活动是不是成功，往往是根据产生的创意数量，而不是根据这些创意的质量。第三方公司在这一过程中发挥了不小的作用，它们总是鼓励大家漫无目的地思考、创意，它们的目标就是要产生几百个创意。那么，企业要生产出多少个创意才算是成功呢？400 个？500 个？还是更多？这几百个创意就能保证成功吗？完全不是。我们认为，根据生成创意的数量定义成功不仅仅是错误的标准，还会将创新引入歧途。

第三个问题在于创意太多，而企业又没有进行有效评估的方法。因为经理们很少会知道哪些客户成果是不足的，他们即使看到一个非常好的创意，也无法认识到它的价值。事实上，他们通过一些随机，甚至常常是一些不相干的标准对创意进行评价，他们可能下决定发展某一个创意，仅仅因为这个创意听起来不错，看着好看或者觉得有趣，他们并不知道这个创意是否能够创造客户价值，也不知道它能创造什么客户价值。和我们之前解决其他创新步骤中遇到的问题一样，这些问题的解决，首先就要知道客户想要完成哪些任务，实现哪些成果。

突破性创意是如何产生的

在我们看来，企业并不需要几百个创意，恰恰相反，它们只需要几个能够确实满足客户不足成果的创意。实际上，这完全颠覆了创新的过程。我们并不认为企业应该先形成许多创意，然后试图从中发现值得追求发展的是哪一个，我们认为企业应当围绕着不足成果进行思考，保证我们花在思考上的时间是有意义的，能够最终为我们带来值得追求的创意。为什么要浪费时间思考如何更好地满足不重要或是已经超出的成果呢？

直到现在，我们仍然缺少成功进行创意形成的关键因素：一个目标。举个例子，有 85%的玉米种植户都说提高作物同时发芽的比例很重要，然而当前产品并没有很好地满足这一点，除非玉米种子生产商能够肯定这点，否则它们的研发团队就不太可能沿着正确的方向思考。成功、可控的创新的关键就在于知道将创造力放在哪里。想要成功地创造出突破性的解决方案，企业必须发现客户满足度最低的成果，并试图满足这一成果，同时在这个过程中，不会破坏产品在其他重要方面的表现。

我们常常喜欢问："在您的公司里，有多少人知道客户想要实现的全部成果？"如果您的企业和大多数企业一样，那么问题的答案总会是"没有人"。我们还喜欢问："（如果有人知道客户的目标成果，）那么那些知道客户目标成果的人中，有多少知道哪些成果的满足度最低？"最普遍的答案还是"没有人"。尽管企业员工作为整体可能知道客户的目标成果是什么，然而这些信息很少形成文件，也没有在公司中受到足够的重视，公司也很少会和所有员工分享这些信息。那么 CEO 们接下来一定要问："要是没有一个人，没有一个部门知道哪些成果是不足的、哪些是超出的，以及如何对它们进行开发次序的排序，那么我怎么能够指望我的企业能够不断制造出成功的产品？"

反过来，在成果导向型创新活动中，所有员工都能够分享他们所知的信息，并且使用那些信息进行价值创造，共同努力，系统地创造出突破性的解决方案。试想一下，如果公司里，知道客户如何衡量价值的员工从 1%增加到 100%，如果所有员工都知道应该在哪里发挥他们的创造力，如果所有员工都知道如何对一个产品的创意进行量化分析，那么这将会给企业带来多大影响?

根据我们的经验，如果一家企业能够把握那些不足成果，那么它们就能将产生高价值解决方案的机会提高到 90%以上。企业的组织架构上如果出现问题，可能会影响成功的创意生成，降低整体的成功率，然而企业还是能够不断生产有价值的创意。这里，我们将“高价值”的创意定义为能够将客户对某一不足成果的满足度提升 20%以上的创意。这样高的成功率也并不奇怪，因为企业缺少的往往不是有创意的员工或是新创意，它们需要的是方向。无论是博世对圆锯的改良还是 AIG 在保险市场上的创新，很显然，一旦企业能够确定下目标，它们完全有能力实现这个目标。按照 AIG 保险财务部门执行副总裁保罗・扎罗肯的说法，“在知道我们的创造力应该放在哪个方面之后，一切都不一样了。我们开了两天的会，生成了新的创意，对企业的运营进行了调整，改进了网络服务，满足了那些不足成果。同样重要的是，我们还知道了市场的哪些方面是超出的，这样就避免了把资源浪费在我们的客户认为没有价值的服务功能上。因为我们在生成创意时有明确的目标，我们可以设计出突破性的解决方案，让我们能够拥有竞争优势”。

和使用成果导向型创新的其他公司一样，AIG 创意小组在进行创意生成时，进行了一些很有价值的观察活动。首先，它们认识到很多它们想出来的创意并不需要新的技术和发明，它们可以利用现有的技术，着重于满足特定的客户成果。这打破了它们从前的认识，它们过去一直认为，创新活动有赖于新技术的产生。

其次，它们发现它们的突破性创意并不是由某一个重要的产品概念或是产品功能决定的，而是很多功能创意集合在一起，共同产生了重要的价值，这样就避免了它们一不小心破坏其他重要方面的产品价值。

定点式头脑风暴法是如何发挥作用的

企业需要在生成创意的过程中，组织一个由不同部门员工组成的创意小组，然后企业就可以生产出新的创意，然而这些创意的目标并不是现有产品，也不是企业开发规划中的项目。企业需要按照以下五个准则，才能实现最好的创意生成结果，控制创新流程中的变量，保证创新结果是成功的。

- 专注于目标。
- 瞄准突破性改进。
- 强迫思考，提高创造力。
- 迅速剔除不好的创意。
- 改进最佳创意，使其在成本、投入、风险和可持续性方面有更好的表现。

专注于目标

创意生成的第一条法则，就是要保持创意小组将注意力关注在能够满足高市场机会指数成果的创意上。不要让它们偏离目标，想出一些满足其他不太重要成果的创意。这种情况是很常见的，尤其是在创意生成会一开始的时候，有些人想了很久的一个创意，觉得非常宝贵，一定要提出来，即使那些创意并不能满足企业短期的目标成果。比如说，药物输注泵生产企业的员工在被问到如何才能最小化启动装置时浪费的药量时，一位员工可能会建议增加储药器的容量。后来我们发现，这个创意过去就被提出过，而且这位员工一直希望企业能采纳这个建议。尽管增加储药器的容量能够满足另一项成果（最小化必须换药的频率），但它并不能满足我们这里的目标成果。为了得出结论，我们向创意小组提问："如果你们想增加储药器的容量，那么你们认为这样能够减少多少浪费的药量呢？"这样，创意小组迅速能够意识到储药器容量的大小在这一成果上并没有多大的影响，因此它们会把这个创意放在一边，围绕着目标成果进行重新思考。

为了帮助创意小组保持注意力，我们通常一次讨论直接过一个成果，除非在有些情况下，几个相关的成果可以被整合为一个主题，解决这一主题能够同时满足几个成果。例如，如果有几个成果都与控制药物剂量有关，那么它们就可以在小组生产创意时整合为一个主题。这种方式可以减少产品必须增加的功能数量，从而可以降低产品的成本。

瞄准突破性改进

在进行头脑风暴时，我们要求员工们要想出那些能够极大改进客户满足度的创意，而不仅仅是想出的创意越多越好。有许多不足成果的满足度低于 5.0，这意味着不到一半的客户给这个成果的满足度打了高分（4~5 分）。我们建议创新小组要试着生成满足度在 8.0 或以上的创意，也就是说，这一创意最终能够让 80%的客户为这一成果的满足度打 4~5 分。达到这么高的满足度确实很困难，一直以来都很难实现，因此需要一种全新的思考方式。我们推荐水平思考法、TRIZ 理论（TRIZ 意译为发明问题的解决理论，是一种系统进行创意生成的方法。最早在 20 世纪 40 年代起源于苏联，随后在 90 年代流行于美国某些大公司），和一些其他方法一起帮助企业生成值得努力的创意。然而不管运用什么方法，我们的目标都是获得突破性的改进。通常，我们只需要几天时间，就可以发现这种突破性的创意。

强迫思考，提高创造力

博世开始进行创意生成会时，创意小组的成员被告知，他们不仅要想出能够满足不足成果的创意，还不能增加产品成本。这一点对 CS20 型圆锯的成功至关重要，因为他们需要和家得宝、劳氏产品的价格保持在差不多的水平上。尽管有一些专家会认为，在准备生成创意时提出限制条件，可能会压制员工的创造力，然而我们认为，恰恰相反，限制条件会使员工的创造力集中在产生那些有价值、有用并且实际的创意上。博世最终决定将电源电缆从圆锯上移除，这不仅降低了成本，使企业有机会开发产品的其他功能，还可以保证最终产品的价位保持在目标价位上，同时企业还可以更好地满足其他的不足成果，包括最小化必须更换电缆的频率、最小化不小心切断电缆造成的停工时间，以及最小化更换切断的电路所需成本。在降低成本的同时增加价值，这无疑就是一个创新。

博世还满足了其他两个剩下的不足成果（最小化碎片进入眼睛的可

能性和最小化看不见切割线的时间），但是它们只是在设计上做出了一些改动，没有增加任何成本。它们重新调整了空气流从发动机流出到切割路径的路线，使飞出的碎片避开切割线，也不会朝着用户的脸上去。如果没有成本的限制条件，博世能想出这些解决方案吗？我很怀疑，因为在这个行业，从没有人做到过这些。从博世的例子中我们可以看到，在员工们设计新的解决方案时，给他们加以成本、投入或其他方面的限制条件，并没有妨碍他们发散思维，而是帮助他们聚焦创造力。

迅速剔除不好的创意

没有参与过创意生成的人才会说世界上没有坏创意。坏创意有很多，有些创意不实际，成本还高，它们不能满足那些不足成果。企业采用成果导向型创新法就可以快速地剔除这些坏创意，因为它们在产生创意之后迅速对创意进行评估。如果说某个创意可能没有潜在的重要价值，或者不能满足 80%的目标客户（注意，我们说的是突破性改进），那么这个创意就要被淘汰。如果某个创意需要过多的时间和资源投入，那么我们要么改进它，要么放弃。早点放弃不好的创意，就省了时间和费用。而且，这样也好过等着坏创意制造麻烦。越早发现不好的创意，提出这个创意的人就能够越轻松地放弃这个想法，重新把注意力放到更加有利的方向。

改进最佳创意

在成果导向型创新中，生成创意的目标不是生成几十个创意，我们的目标是为每个目标成果创造出一个或两个有真正价值的创意。最好的创意不仅要能够帮助企业实现 8.0 的成果满足度，还要达到以下四个重要的标准：

- 不增加产品成本。
- 只需要很少的投入。
- 技术风险低。
- 让对手很难复制——这意味着企业的竞争优势是可持续的。

一旦创新小组想出能够达到目标满足度的创意，它们必须想方设法使创意满足这四条标准。比如，如果小组提出的创意需要很大的投入，创意小组就需要想出一个替代方案，既能产生同样的价值，又不需要那么多的投入。举一个例子，在开发 CS20 型圆锯时，博世的创意小组原本提出在产品上增加一个激光制导系统，以帮助用户最小化锯歪的可能性，然而这一方案会大大提高成本。最终，它们想出了另一个办法，即通过调整风扇使碎片避开切割路径。这个方案在“帮助客户最小化切割圆锯时不小心锯歪的可能性”的效果上，就算没有比激光制导系统的效果更好，至少也是不相上下的。

为什么传统的创意评估方法会失败

在完成头脑风暴，考虑完所有意见和建议之后，企业将面临一个艰巨的任务，它们需要在几百个产品或服务创意中进行选择。这些创意的价值必须经过确认和量化，企业才能有信心继续研发工作。而这，又是一系列新的挑战。

在当今世界，企业想要获得竞争优势，不能只是希望一个产品或服务最终会在面市之后获得成功，企业必须提前知道它们的产品或服务会不会成功。为了做到胸有成竹，企业不仅需要知道一个产品创意是否有客户价值，它们还必须知道这个产品的价值会比竞争产品多多少。理论上，企业能够知道新产品对所有成果的满足度会超过 5%还是超过 20%。

可是企业应该如何衡量价值呢？最常见的创意评估方法包括：

- 内部评估。
- 定性的客户评估。
- 定量的客户评估。
- 选择性评估。

我们将对每种方法及其不足进行简单的讨论。

内部评估

有些企业没有足够的时间、资金或者能力进行更复杂详尽的创意评估，它们只能转而依赖简单的内部评估法。企业可能只是简单地看新的产品、服务或功能是不是适合企业当前的商业模式，从财务的角度是否能够接受，或者是否适合企业当前的发展能力和水平。如果这一创意不符合企业设定的标准，那么这个创意就会被放弃。因为上述方法都没有考虑到客户的目标成果，企业往往容易淘汰掉一个好的创意，而不是采纳它。

我们见到了很多企业都采用这种简单的筛选方法，淘汰掉那些企业现有能力不足以发展的创意。这样的决策表明了企业不愿意通过发展所需的新能力来满足剩余增长的目标，因此这种方法是目光短浅的。此外，企业如果总是想要扬长避短，那么最终很有可能会在已经得到满足的成果上浪费时间和资源。

丨 定性的客户评估

拥有更多资源的企业可能会选择定性的客户评估，来衡量其未来的新产品、新功能或服务。这种方法一种常见的形式就是焦点小组。企业请来一小部分客户组成焦点小组，讨论、评价不同的产品创意和样品，这种方法存在颇多问题。

首先，客户并不会意识到他们想要实现的所有目标成果。在进行评估时，大部分人一次最多只能想出 9 个衡量标准。而一般来说，目标成果有 50~150 个，因此通常，在焦点小组的环境下，客户不可能对产品概念进行有效的评估。比如，一位使用药物输注泵的客户可能会说，他们希望产品能够帮助他们最小化设置输注泵程序所需的时间，然而他们不会意识到这一成果会限制另一成果（最小化药物过量的可能性）的效果。因为看不到产品的不足，他们可能会对新产品方案大加赞扬，然而市场反应可不会这么简单。

此外，客户们技术上可能不足以做出精准的产品评价。他们可能无法将一个新技术和这项技术带来的好处联系起来，因此他们可能意识不到一项新技术带来的真正价值。起先，微波炉问世时，消费者普遍不看好这一产品，因为他们当时无法理解这项技术。

还有，即使我们假设客户反馈在某种程度上是有价值的，还有一个问题是我们应该请客户对哪些创意进行评估呢？因为我们不可能要求客户对所有创意进行评估，企业往往只会拿出那些它们认为最有前景的创意让客户评价。也就是说，在客户进行评价之前，已经进行了某种形式的内部评估，那么除了我们已经讨论过的定性的客户评估存在的问题，还要加上内部评估存在的问题。企业可能会认为它们知道哪些创意最可能吸引人，但是它们就是对的吗？如果它们把最佳方案排除掉了呢？如果它们只保留那些看上去不错的、很容易实施的、适合企业当前商业模式的，或者从财务角度更容易接受的方案呢？企业选出一些方案让客户进行评估也许可以帮助企业确定哪些是最佳的，然而却不能保证最好的方案得到了足够的重视。也有可能，评估出来的方案很糟糕，只是比其他的好一点而已。

最后一点，在哪个解决方案是最好的这个问题上，客户很少能够达成一致，这倒并不奇怪。一个焦点小组中的成员可能代表不同的细分市场，因此他们衡量价值的标准也不一样。有些人认为某一成果是不足的，有些人却认为是超出的。想要让他们达成一致完全是白费工夫，这是根本不可能的。然而，选择这种方法的企业常常认识不到这一点，它们可能会修改创意，希望产品能够满足所有客户。这种做法的结果往往对所有人来说都不够好，没有人会认为最终的产品是有价值的。

定量的客户评估

一些企业会选择量化研究的方法（也就是研究结果最终会以数据呈现的方法）获得客户输入。客户可能会被要求对两个产品进行比较，按照数值分配量表的方法（客户的总分固定，把分数分配给一组不同的竞争产品）打分。然而遗憾的是，因为这个方法和我们上面提到的定性的客户评估一样，都要依赖客户的评价，因此这些方法从根本上存在着相同的缺陷。比如，客户只会对一些已经选出的产品和服务创意打分，而不是对所有创意进行评估。联合分析法就是一个极佳的例子，通过假定产品具有某些功能，对现实产品进行模拟，让消费者根据自己的喜好对这些虚拟产品进行评价，进而根据不同价位优化产品的功能集合。尽管这种方法在某些情况下是有效的（比如企业已经知道哪些功能是最佳功能），然而单独使用这种方法很少能得到确实的结果。

选择性评估

有时候，评估创意的过程需要屈服于政治考虑和个人目标。比如一位非常有影响力的管理人员，一位强势的工程人员，或者一位非常善于说服的营销人员，他们希望他们自己的产品能够进入市场，因此他们谨慎地选出某些数据来“论证”他们的创意才是企业发展的方向。而通过这种方法选出的创意往往不能代表客户心中最有价值的方案。

这些传统的评估方法中，没有一个是有效的。因为它们都无法估算出产品的潜能——产品能够在多大程度上帮助客户完成任务，又在多大程度上满足了客户的目标成果。有一些企业甚至都不会在产品面市之前进行价值评估，它们衡量产品价值的方法就是看看它能产生多少利润。如果达不到预期，这种方法简直是错得离谱。

如何使用客户计分卡评估产品或服务创意

在成果导向型创新中，企业的创意小组（而不是客户）会对提出的创意进行客观地评价，它们会确定被评估的创意在多大程度上满足了所有的客户成果，并对创意的整体价值进行量化。通过这种方法企业可以得到一个领先指标，因为客户的满足度及价值创造可以用来估算企业的营收、预测企业的发展和成功。例如，博世在 CS20 型圆锯进入市场之前，就知道这个产品一定会成功，因为它满足了客户满足程度最低的 10 个目标。最初对劳氏、家得宝产品的市场测试表明，博世的这一产品是值得客户信赖的，最终也确实如此。这一型号的圆锯还被《科技新时代》杂志认定为 2004 年度 100 项最佳创新成果之一。博世能够预测产品最终的成功，是因为它们知道这个产品满足了许多客户的不足成果。

在开始对产品创意或理念进行评估之前，我们需要在客户计分卡上，按照产品的满足度（由高到低）列出所有的目标成果（通常有 50~150 个）。表 8.1 展示了一个简单的客户计分卡（真正的计分卡会包含企业收集的全部 50~150 个成果）。这些成果汇集在一起代表了 100%的可实现价值，因此我们可以量化评估创意总的潜在价值，并且计算出这些创意能够实现多少价值。例如，我们可以算出一个创意可能实现 55%的潜在价值，而另一个创意能够实现 65%。我们还可以知道和市场上现有产品相比，新创意能够多实现或少实现多少价值。一般来说，整体分数最高的创意就是企业追求的目标。

当然，有些情况下也可能出现例外。如果有两个冲突的创意可能实现同样的价值，我们常常会评估一些其他方面，比如方案所需的投入和可能出现的风险。在这种情况下，我们有时候可能会选择价值相对小，但是需要的研发时间较短的方案。

表 8.1 客户计分卡

药物输注泵的目标成果	重要性	满足度	市场机会指数	评分（满足度）			
				#1	#2	#3	#4
最小化启动输注泵时浪费的药物量	9.3	4.2	14.4	4.2	4.2	3.8	7.3
最小化确定负荷剂量所需要的时间	9.3	5.3	13.3	5.3	5.3	4.6	6.9
最小化储药器中药物发挥药效所需的时间	8.6	4.4	12.8	4.4	4.4	4.4	6.2
提高输注针头的准确性	9.5	6.9	12.1	6.9	6.9	6.5	7.9
最小化必须换药的频率	8.7	5.7	11.7	7.8	5.7	6.6	6.8
……							
最小化确定警报原因所需的时间	8.3	6.2	10.4	6.2	7.5	6.2	6.3
				40.3	39.5	37.7	47.9

在评估过程中，企业可能会发现某个创意能够很好地满足一个或多个最重要的市场机会，然而却要以其他成果为代价，因而从整体价值上看，这个创意比其他方案能够提供的价值要少。企业如果发现这一点，就不会选择继续这一方案，从而避免了因错误决策而付出高昂的代价。通过这种方式，企业还可以发现其最佳创意中的缺陷，然后进一步改进这一创意。

美国辛普劳公司在运用这一方法改进薯条时，它们派出了几个创意，然后改进了几个能够提供重要价值的创意。商业发展部经理金·威斯多佛表示："我们可以按照客户的价值衡量标准量化我们的创意，这确实改变了我们的计划，事实上，我们完全推翻了过去的方案，重新调整我们项目的开发顺序。使用这种方法，我们能够想出并确定很多令人激动的想法，我们要是使用传统的方法，永远也不会想到这些创意。有几个创意极大地改进了我们现在销售的产品。其中，有一个创意，我们之前一直忽视了，然而在我们发现它能够满足市场上很大一部分客户的重要的市场机会后，它成了我们的一个星级项目。我们在这个过程中收集到的信息明确地告诉我们，我们的设计师应当做哪些工作才能创造出好的产品。另外一个附加效果就是，我们之前花费了很多时间和精力推销我们的产品，而如今，我们可以省下这些时间和精力，因为我们在选择项目的时候使用的就是客户的目标成果，而不再是盲目地相信某个项目策划专家的吹嘘。"

我们常常会发现，通过客户计分卡的方式建立一致意见的基础，会改变创意小组及不同部门之间沟通的方式。他们不会再争执谁的创意最好，通过主观的数据和观点支持他们的立场，正相反，来自营销部门和市场部门的小组成员可以彼此合作，分析哪些创意最能够满足目标成果，然后对最佳成果进行细微地调整。

多年来，我们在制造业和服务业都测试过这套评估方法。根据我们的经验，我们可以算出某个创意能够实现多少额外价值，然后企业就可以信心十足地说它们新的产品或服务一定会成功。事实表明，如果某个创意可以创造的额外价值比当前产品还要少 3%，那么这项创意往往会是失败的。相比之下，最成功的新产品或服务（这里指能够保持或增加企业市场份额/营收的产品或服务）通常可以比当前产品多实现 5%~10% 的价值。而额外价值超过 20%的产品将会极大地扩大企业的市场份额，产生惊人的收入和利润。例如，Cordis 公司的血管成形术扩张气囊系列产品将客户的总体满足度提高到了 40%~50%，提高了约 25%。而血管支架的价值几乎是现有产品的一倍，客户满足度从 25%上升到 50%。

成果导向型的创意生成和评估方法在实践中如何运用

我们将用普拉特·惠特尼集团公司（简称普惠公司，是美国联合技术公司的一个分支，为美国政府提供喷气式发动机）的案例，来解释成果导向型的创意生成和评估方法是如何在实践中运用的。1994 年，有人向普惠公司制造服务部门的副总裁表示，一项价值数百万美元的车间供应管理系统将会给相关的客户带来重要的新价值。然而，副总裁先生希望在投资之前能够确认这一系统的价值，同时希望得到众多管理层人员的认可。事实上，这个部门是一个内部设计和制造车间，为新的喷气式发动机设计方案提供机械零件。它们主要的客户是普惠公司的工程人员，很多工程人员在过去几年都跳槽到了其他的发动机供应商。管理层希望能够重新夺回他们的业务，把客户满意度提高至少 10%。

它们研究了它们主要的竞争对手与它们的不同之处，发现只有一个明显的区别，它们的竞争对手两年前投资了一项车间供应管理系统。因此，它们认定这就是对手竞争优势的来源。然而，在进行相似的投资之前，它们想要确定它们的直觉是否准确，以及它们是否能通过这项投资将客户满意度提高 10%。如果不能，它们希望能够找到一个可以实现它们目标的策略。于是，它们采用了成果导向型的方法，下面是四个主要步骤：

- 定义、选择市场机会。
- 评估该车间供应管理系统。
- 量化不同创意的价值。
- 生成突破性创意。

第一步：定义、选择市场机会

普惠公司使用了我们在第 2 章中提到的方法，揭示出客户的目标成果。它们总共得到了 85 个目标成果，也就是说它们的客户使用这 85 个成果作为标准，衡量一家供应商为喷气式发动机设计方案提供机械零件的水平。在知道这 85 个成果之后，普惠公司的制造和服务部门进行了一次量化研究，对一部分现有的和潜在的客户进行调查，以获得每个目标成果的重要性，以及普惠公司和其主要对手当前对成果的满足度。接下来，普惠公司计算了每个成果的市场机会指数，并对它们进行排序。为了说明，我们在表 8.2 中列出了 10 个目标成果及其重要性、满足度和市场机会指数。通过运用这些数据，分析小组就可以确定市场的哪些方面是超出的，哪些是不足的，然后它们决定对所有市场机会指数超过 10 的成果进行改进（出于保密原因，表 8.2 中的数据并不完全真实）。

表 8.2　普惠公司市场机会指数分析

目标成果	重要性	满足度	市场机会指数
最小化获取订单状态所需的时间	8.8	4.4	13.2
最小化改变零件工差所需的时间	8.9	5.4	12.3

续表

目标成果	重要性	满足度	市场机会指数
最小化设计变动对交工时间的影响	9.0	6.0	11.9
最小化优先订单的周转时间	6.3	2.5	10.1
最小化成本超支	7.2	5.8	8.5
最小化记录设计变更所需的时间	6.6	4.9	8.2
最小化反复使用的模具的成本	6.3	6.5	6.3
最小化生产完整部件所需的时间	4.3	3.3	5.3
最小化返工的成本	4.4	5.2	4.4
最小化机器的闲工时间	2.1	2.5	2.1

在获得这些信息后，分析小组进行了一些简单的观察，然而观察的结果让它们倍感疑惑，它们怀疑车间供应管理系统可能根本不是竞争对手的优势来源。这个系统只能影响为数不多的几个成果，而其中一个——最小化机器的闲工时间，又是完全不重要的（重要性只有 2.1）。它们需要进行更多的分析来解决这一问题。分析小组在了解客户如何衡量价值后，准备对工厂车间供应管理系统进行测试，看看这一项目能够产生多大价值，同时为剩下的市场机会寻找解决方案。

第二步：评估该车间供应管理系统

普惠公司采用了成果导向型客户计分卡（见表 8.3）进行了三个独立的评估。它们首先量化分析了它们当前产品和竞争对手产品能够实现的价值。它们以这个结果为基准，对比车间供应管理系统，以确定该系统能够多实现多少价值。

表 8.3　普惠公司客户计分卡价值评估

目标成果	普惠提供的服务	竞争对手提供的服务	物流控制系统	突破性解决方案
最小化获取订单状态所需的时间	4.4	5.1	4.4	7.5
最小化改变零件工差所需的时间	5.4	6.0	5.4	7.0
最小化设计变动对交工时间的影响	6.0	5.5	6.0	7.5
最小化优先订单的周转时间	2.5	4.5	2.5	6.0
最小化成本超支	5.8	5.1	5.8	6.5
最小化记录设计变更所需的时间	4.9	4.6	4.9	6.0
最小化反复使用的模具的成本	6.5	7.1	6.5	8.0
最小化生产完整部件所需的时间	3.3	4.2	3.3	4.5
最小化返工的成本	5.2	4.7	5.2	6.5
最小化机器的闲工时间	2.5	8.5	8.5	3.2
	48.3	53.4	49.8	66.7

普惠公司的经理们使用了之前量化调查时直接从客户那里获得的满足度数据，来进行这两项评估。在调查过程中，客户们被问到他们对其供应商实现每个成果的满意度是多少，以及他们的供应商是普惠公司还是其对手。

接下来，分析小组评估了车间供应管理系统，以便它们能够确定这个项目是不是能为其产生额外的客户价值。它们首先浏览了一遍已经按照市场机会指数进行了排序的成果，并得到了管理系统对每个成果的满足度。它们发现，这一系统能够极大地缩短机器的闲工时间，如果应用这一系统，它们就能做到和对手一样，将成果的满足度从 2.5 提高到 8.5。然而，供应管理系统似乎只能在这一个成果上有重要的改进，而普惠公司还注意到，就像表 8.2 所展示的那样，最小化机器的闲工时间相对来说是一个不太重要的成果，而且已经被满足了。它们对这一系统的怀疑更进一步：它完全不像是竞争对手优势的来源。普惠公司公司继续进行了它们的分析，计算出了它们现有系统的价值及主要竞争对手使用的系统的价值，然后将数据进行比对，分析它们在工厂车间采用那个供应管理系统，会不会产生额外的价值。

第三步：量化不同创意的价值

计算现有产品或服务，和推荐项目的价值，我们需要做一点数学运算。计算时，我们要考虑两个因素：目标成果的市场机会指数，以及被评估的解决方案能够产生的满足度。为了衡量解决方案的整体价值，普惠公司将每个成果加权的市场机会指数与每个解决方案的评估分数相乘，然后将所有解决方案的最终分数相加，得出结果。如果一个解决方案能够最大程度满足所有的客户成果，那么对于目标客户来说，这一方案能够提供 100%的价值，因为其创意价值为 100。

通过这种计算，普惠公司发现，如果应用车间供应管理系统，这一系统能够实现全部目标价值的 49.8%。换句话说，这一系统相比现在的系统，只能增加 3%的价值，而不是它们预期的 10%。和它们之前观察到的一样，这个管理系统在一些最佳增长市场机会方面没有什么表现（比如迅速获取订单状态），因此无法创造出更多的客户价值。

在进行了同样的计算后，它们还得知了一个令它们烦扰不已的消息。它们发现竞争对手的系统，比它们自己的系统，价值要高出 11%（53.4% vs 48.3%），这也就解释了为什么普惠公司的市场份额会缩水。从表 8.3

中可以看到，普惠公司的主要竞争对手，在以下两个成果上超出普惠公司不少：最小化优先订单的周转时间（4.5 vs 2.5），和最小化获取订单状态所需的时间（5.1 vs 4.4）。普惠公司最终总结出，对手的优势正是源自它们的系统对这些成果的满足度，而不是供应管理系统。

对于这样一种只能帮助企业实现一点价值，只是有可能让企业超过其竞争对手的解决方案，小组成员认为这样的方案并不值得投资，它们明智地放弃了这个车间供应管理系统项目。而最早提出对方案进行分析的副总裁先生首先承认，这一方案一旦采用，很可能会是失败的。他还说，值得高兴的是，问题发现得早，在创意阶段就发现，总比几个月之后我们已经在项目上投入各种资源的时候再发现要好。每个人都意识到他们在客户满足度方案做出有利的改进，这样才能满足他们的增长目标。

第四步：生成突破性创意

普惠公司的小组成员意识到，在他们创造出能够满足客户不足成果的解决方案的道路上，其实没有什么障碍。普惠公司现有的系统只能实现全部价值的 48.3%而已。小组成员进行了两天的创意生成会，他们的目标就是设计出能够将现有系统价值提高 25%或更多的解决方案。提高 25%就意味着新方案要能够实现目标价值的 60.4%。来自不同部门的小组成员开始齐心协力，他们把目光放在了表 8.4 中的改进市场机会上（按照优先顺序排列）。

他们首先想出了几个创意，能够帮助公司最小化获取订单状态所需的时间。他们一边想办法，一边将创意都记录下来，他们记录了每个创意的全部细节，使整个创意清晰可见。在想出了几个不错的创意之后，他们开始从中挑选那些最有价值，需要的成本、投入最低，面临风险最小的创意。他们一致认为最佳的解决方案应该是客户可以访问、基于网络的追踪系统，这个系统要能够在每个制造过程中做到实时更新，这样，客户就能在几分钟之内掌握准确的状态报告。创意小组最后总结得出，这个创意能够将客户满足度从 4.4 提高到 7.5，将整体价值的实现度从 48.3%提高到 51.8%（见表 8.4）。

表 8.4　普惠公司创意小组提出的方案

目标成果	创意/功能	增加的价值
最小化获取订单状态所需的时间	集中的订单状态追踪系统，允许客户访问，可实时更新	51.8
最小化改变零件工差所需的时间	使制造和工程部门可以实时沟通协商的通信系统，这样就不会出现两方不一致的情况，出现问题也可以快速修正	55.0
最小化设计变动对交工时间的影响	对员工进行交叉培训，改进工作流程	57.8
最小化优先订单的周转时间	定价、将产品的一部分利润集中整合为超支储备	60.3
最小化成本超支	定价、将产品的一部分利润集中整合为超支储备	62.5
其他	其他	66.7

接下来，他们改进的方向是客户的另一目标成果：最小化改变零件工差所需的时间。这次也是，他们先想出几个主意，然后从中挑选价值最大，而成本、投入和风险都在公司可接受范围内的创意。他们发现一个实时通信系统是最好的方案。这一实时通信系统能及时通知客户工差

不一致的情况，并为客户提高建议的修改方案，客户可以选择接受这一方案，或者重新确定一个工差。这样可以将改变工差的时间由 48 小时缩短到 2 个小时左右。公司设想，这一方案能够将客户满足度从 5.4 提高到 7.0，而整体方案的价值也可以提高 2.35%，达到 55%。

而在最小化成本超支这一方面，普惠公司的创新小组认为它们可以完全解决这一问题，它们计划取消成本加成定价合同中一些可以取消的项目，改为固定价格。为了使这一方案可行，创新小组认为可以建立一个“超支储备”，也就是把每个项目中的一小部分拿出来，建立一个储备金，来调节成本超支的情况。小组成员认为，这一计划能够将客户满足度从 5.8 提高到 6.5，同时提高整体方案的价值。

创意小组按照这种方法对每个重要的市场机会都进行了思考。最终，小组一共产生了十几个创意（而不是几百个），很多是它们之前从未想到的。它们选取了其中能够最大程度提高客户满意度的方案。我们在表 8.4 中列出了其中的 5 个。

最终，小组选定的方案预计能够将普惠公司现有产品和服务的价值提高到 66.7%，提高了 38%，并且超出了对手 25%，这一套包含独特创意的方案，无论从哪个角度衡量，都可谓是一个突破性的创新方案。这一方案中包括新的软件工具、通信系统、培训项目、新的时间表和定价机制，却并没有包含最早提出的车间供应管理系统。新方案带来的另一大好处就是，这套高价值的方案，仅仅需要管理系统一半的投资。公司重新找回了自信，管理层一致同意通过这个方案，普惠公司决定实施这一策略。

回想整个过程，普惠公司创新小组的成员们表示，要不是他们能够深入地了解客户的目标成果，他们从没想过以这种方式进行创新。从企业组织架构的角度看，这些信息帮助他们避免了内部竞争，建立起达成一致意见的基础。

在实施最终方案之前，创新小组还要和财务部门进行沟通，没想到这一过程非常顺利。通常，普惠公司的经理们要求一项创意必须保证能够实现 20%的回报率，才能进行投资。然而，这一次，经理们觉得这一方案能够将客户满足度提高 38%，仅凭这一点就值得投资，因为预测公司的增长和收入，客户满足度远比回报率更可靠。一年以后，这个项目已经实现了客户满足度 35%的增长，非常接近公司预测的价值模型。

不到两年，普惠公司就夺回了它们失去的市场份额，还获得了额外的 5 个百分点，这是因为它们知道它们实施的方案是一定能够满足客户的目标成果的，从而实现了价值和增长。在有了这次成功的经验后，普惠公司使用了同样的创新方法，改进了它们的合成材料测试服务。这一次，它们把检测成本从 400 万美元降低到 43.5 万美元，缩短了 3/4 的发展周期（从 2 年缩短到 6 个月）。

研发环节在创新过程中发挥什么作用

我们已经讨论过，企业如何通过选择、利用一系列市场机会（不足成果）创造价值，增加收入。有三种不同的方式：第一，改进宣传策略，更好地向客户传达现有产品和服务在满足客户不足成果上的优势，从而提高现有产品和服务的销量；第二，将企业开发规划中最能满足目标市场机会的产品快速推向市场；第三，系统地生成一系列具有发展潜力的新的突破性创意，改进产品和服务，使其能够满足剩下未利用的市场机会。

如果企业当前的产品不能满足一个或者多个目标成果，其开发规划中的产品也不能满足，甚至它们运用定点式头脑风暴法都不能产生满足企业需要的创意，那么通常，企业会把那些剩下的不足成果交给研发部门，作为科技创新的目标，或者交给管理层和并购部门，作为企业并购的目标。摩托罗拉就遇到过这种难以满足的目标成果，它们把这些成果交给了研发部门，希望无线电技术开发小组能够对与更好的声控技术相关的成果进行研究。把这种难以实现的成果交给研发部门的好处就是，它能保证研发部门的努力保持在正确的方向上，即帮助客户解决重要的问题，从而创造价值。“客户一定会喜欢我们研究出的新技术！”能够自信地说出这种话的公司可并不多。然而，只要对市场存在的市场机会有正确的认识，企业就可以对研发部门的研究方向进行排序，然后把资源投入到那些更容易获得回报的项目上。同时，它们也可以避免在不重要或是超出的成果上浪费精力。最终，研发部门可以用更短的时间、更低的成本获得更大的成功。提高效率，企业当然就会提高其最终盈利能力，同时研发部门也能获得运营方面的竞争优势。

最后，企业还可以通过有效的并购策略，满足某些不足成果。通常，各大企业都会四处寻觅，看看哪家公司会有它们需要的技术，能够有效地满足企业所在市场上的不足成果。

小结

没人能保证企业现有的产品或其开发规划中的产品能够满足所有，

甚至只是一部分它们发现和选择的市场机会，尤其是当企业刚刚进入某个市场时。为了迎合剩下的这些市场机会，企业只有两种方法可选：要么设计出具有发展潜力的突破性产品和产品功能，满足剩下的不足成果；要么企业需要获得能够帮助它们满足目标市场机会的技术（通过许可经营或并购）。

大部分的头脑风暴或创意生成的努力都不能产生足够的成果，因为经理们没有把员工的注意力集中在某一点上，他们收集了太多创意，也无法决定哪些创意最有价值。企业并不需要产生数百个创意，它们需要的只是几个有针对性、可以满足客户不足成果的市场机会。因此，企业应当围绕着那些不足成果来思考、创意。这样才可以保证它们的时间是花在那些值得投入的创意上。我们给企业的创意生成提出了五个准则：

- 专注于目标。
- 瞄准突破性改进。
- 强迫思考，提高创造力。
- 迅速剔除不好的创意。
- 改进最佳创意，使其在成本、投入、风险和可持续性方面有更好的表现。

在完成创意生成环节后，企业就要面临一个更为艰巨的任务，它们要对生成的创意进行评估。使用成果导向型的方法，企业可以避免评估过程中许多容易出现的问题，因为企业创新小组成员，而不是客户，会对各个创意进行评估，分析各个创意对客户目标成果的满足度。不同于一般客户，企业的小组成员知道一项技术会对一个成果产生怎样的影响，他们有一套规范，会根据这些规则评估一个创意对每个成果的满足度。

如果企业能够正确地评估这些创意，它们就能够确定哪些创意是值得继续努力的，而哪些应当放弃。企业无须再漫无方向地猜测、犹豫不决，也不用担心下错赌注造成的惨败，它们可以在更短的时间内，运用更少的资源投入，创造出更多突破性的方案，实现更多增长。这些进步会给公司的最终盈利、生产力带来影响，也会给整个经济发展带来影响。成果导向型的创新范式为这样的进步奠定了基础，它使创新成为一种可以量化、可以预测的学科。

结语

给经理们的策略性建议

成果导向型的创新方法是符合逻辑的、可量化的、实际的，而且经过了实践的检验。那么为什么如今在各行各业中，我们并没有见到一个成果导向型创新的标准操作规程呢？原因是成果导向型创新需要企业（管理层、经理和员工们）以完全不同的视角思考创新、学习新的技巧，更重要的是，它们要放弃那种“自然”（natural）的感觉：还有什么比直接问客户他们希望看到产品如何改进，然后根据客户的反馈做出行动更为自然呢？当产品还处在研发过程中，人们自然会觉得激动不已，即使这种感觉是没有根据的，即使产品最终会失败。同样，对于企业来说，追求符合当前的商业模式，或适合企业当前能力的创新是非常自然地，即使这样做可能意味着不小心忽视了拥有更大增长潜力的市场机会。最后一点，和弄清楚客户如何衡量价值，然后根据这些标准定制解决方案相比，在产品生产出来后测试其价值更容易一些。然而无论这些旧习惯是多么自然，这些都会使其他方面非常有逻辑的企业做出不负责任的决策。除了创新，还有什么商业流程允许高达50%~90%的失败率？没有！那么有什么需要改变的呢？

就像我们在之前的章节中提到的，企业如果想要成为成果导向型企业，就必须改变其进行市场调研、创意生成、创意评估和创意设计的方法。企业必须有一个创新策略，这一策略需要是明确定义的、有意识的。经理们必须能够将员工的创造力集中在不足的任务、成果和限制条件上，结束过去那种没有焦点的、散点式的头脑风暴。企业决不可以再让现有客户或是潜在客户“负责”设计新的产品概念，它们必须把这项任务交回策略分析师、工程人员、设计师、程序员、材料专家、技术专家，以及那些拥有创造力和超前目光的专业人员手中。向成果导向型企业转变并不容易，然而那些愿意按照某些规则转变的企业，将会通过创新获得竞争优势。

通过与数十家采用了成果导向型创新的企业合作，我们发现了一些容易遇到困难的地方。我们总结了10条建议，可以使创新过程稍微容易一些。这些策略性的建议已经帮助过多家企业克服了成功道路上固有的障碍。

（1）使创新的语言保持精确。首先，管理层必须改变经理和员工们的思考方式，他们需要使用一种通用的语言谈论创新。经理和员工们不能再讨论客户的声音如何反映了客户的想法和需求，相反，他们必须对如何帮助客户完成某项功能型或情感型任务，以及如何满足他们的不足成果进行讨论。经理和员工们必须知道解决方案、设计规范、需要、好处和成果之间的区别。他们必须关注广泛市场上的市场机会和细分市场机会。企业的管理层必须强化这一观点，即客户实际上使用一系列标准来衡量他们能够多么有效地完成某一任务，而企业可以用同样的标准来指导新产品的创造。经理和员工们必须清楚什么是产品创新，什么是运营创新和破坏性创新，他们要知道这几类创新有什么不同。我们在这本书中使用的语言都是很精确地。我们把这些语言当作讨论、理解和进行创新的通用语言（更多细节和具体定义可以参见词汇表）。

（2）区分营销和研发的角色定位与信息需求。企业在营销和研发的定位和分配上含混不清，往往会对创新过程造成困扰。尽管营销的基本目标是推销和销售企业的产品，而研发的基本定位是创造新的产品或服务，然而这些年，营销部门某种程度上承接了为研发部门提供客户信息的功能，似乎只有这样研发部门才能创造出新产品，然而事实上，这种结果总是麻烦不断的。

正如我们见到的，在许多企业中，营销部门收集信息，探究客户是如何进行购买的，又是何时进行购买的，以及如何才能接触到客户。营销人员发现了客户需求，因此他们可以对宣传口号进行微调，他们还会问客户，他们希望在未来的产品中看到哪些功能。营销人员自豪地将这些信息传递给研发部门，然而就如我们讨论过的，研发人员并不能用这些类型的信息创造产品，进行设计。研发人员需要的信息，通常比营销人员提供的要更为细节，因此，双方都困扰不已，而研发部门还觉得被“骗”了。

那么这个问题如何解决呢？企业必须清楚地区分开营销和研发的工作职责和信息需求。营销部门应当继续收集客户信息，然而这些信息是指用于营销、销售和宣传活动，它们也应该根据这些目的进行细分，企业不能将这些信息强加给研发部门，然后期待着它们点石成金。如果营销部门想为研发部门提供有价值的信息，它们就必须知道研发人员需要怎样的信息（任务、成果、限制条件和细分市场机会），同时它们还要掌握获取这些信息的技巧，否则，这些信息只能靠研发部门自己收集。长期以来，营销部门和研发部门争执不休，究竟是哪个部门该负责获取发展必要的客户输入，双方各持己见，然而是时候结束这些争执了。该承担这个责任的部门自然要承担这个责任，也要获得相应的预算。

（3）扩大研究和市场研究员的作用。很多企业发现对于我们在书中提到的积极的市场研究，它们很难证明这是正确的，尽管它们认为把钱花在通过焦点小组和联合分析法确认创意完全算不上什么，也看不上根据客户满足度研究衡量产品过去表现的方法。因此，对产品或服务创意进行确认的研究程序在这些企业中往往会被简化，或是跳过，因为它们总是认为推出产品要优先于推出正确的产品。企业可能没有足够的时间把事情做好，它们却有时间把事情重新做一遍，这种想法必须停止。无论市场研究人员属于哪个部门（在营销部门、研发部门、产品团队或是一个中央化的部门），企业必须明白获取正确的客户数据对于创新成功来说至关重要，因此必须保证有足够的资金可用。或许使用传统的投资回报率（ROI）的计算方法很难得出一个数据，然而如果企业想要确保其资金用于会成功的产品，那么指望着完全不了解客户成果就能成功是毫无道理的。

此外，企业重新认识市场研究员的作用：市场研究员不是仅仅对数据做出反应的数据收集员。企业必须促使它们的研究员成为积极的策略分析师，能够发现市场上存在的市场机会，把这些市场机会传达给营销和开发部门，并与这些部门合作确保市场机会得到满足。在像微软一样的企业中，没有任何研发或是营销团队提出这种要求，然而企业还是进行了基于任务的分析。研究员告诉相关部门，哪些市场机会是不足的，指导这些部门运用这些信息创造新的市场和新的客户价值。这样扩大市场研究员的作用可能会让企业（甚至一些研究人员）觉得不实用，然而对于改进创新来说，拥有真正懂得成果导向型创新理念，指导如何获取、排序、应用所需信息的研究员是非常重要的。

（4）将成果导向型创新作为基础投资。很多企业花费大量时间和精力在客户关系管理系统（CRM）和企业资源计划（ERP）上，希望能够改进营销和销售过程，以及企业的资源管理。那么，企业也应该这样看待成果导向型创新，把它当作一项基础投资，可以改进重要的商业流程，使企业获得竞争优势。企业的这项投资，完全可以通过创造有价值的产品和削减不必要的发展支出收回成本。成功地改造创新过程意味着企业可以花费更少的时间，以更低的成本创造出更有价值的产品。

（5）使用现有的内部工作关系网开始成果导向型创新。很多制造企业已经采用了六西格玛设计，也建立起了接受过专业训练的人员（如黑带、绿带等）组成的团队。服务业企业也有相似的项目和结构，比如波多里奇国家质量项目标准（在服务业中与六西格玛相对应的技术）。在这些已有的工作关系网的基础上开始成果导向型创新可以提高创新的成功率，我们可以依靠这些已经形成的团队，训练它们在不同部门进行研究，促进创意生成。尽管企业大部分人可能对成果导向型背后的思路都很熟悉，然而我们只需要很少一部分员工接受训练，能够进行必要的研究，与团队合作运用数据。训练黑带和其他员工，让他们获取客户成果或进行成果导向型市场研究，或者培养一批研究员成为黑带，都可以帮助一家已经有上述组织形式的企业更快地掌握成果导向型创新的思路。

（6）放弃过去低效而且耗时的方法。引入成果导向型创新，企业应当同时放弃过去失败的方法，比如质量功能展开（QFD）。质量功能展开技术在揭秘产品研发过程方面作用实在有限。然而请不要误会我的意思，这项技术确实有一些效用，然而试图把原本用于提高制造可靠性的工具（如基于矩阵的质量屋）用于创造新产品，这无异于将摩天大楼建于独栋住宅的基础上。从我们的经验来看，采用这种技术创新的人更倾向于确保与质量屋相关的时间消耗矩阵被填满，而不是为创新制定规则。创新的过程并不需要填满一个矩阵。只有一种情况下我们会用到矩阵分析，那就是为了弥补使用无规则的方法收集客户输入的不足。如果从一开始，企业就使用客户衡量价值的标准（目标成果），那么就没有必要使用矩阵，企业用来填满矩阵的时间和资金完全可以重新集中到其他活动上，获得丰硕成果。

另外，企业应当继续沿用对它们有益的方法和工具，但是它们不应当误用这些方法和工具。比如说，潜在用户是一个极好的创意来源。然而根据定义，潜在用户只代表了很小的一部分用户群，因此，潜在用户想出的创意应当根据目标用户群的不足成果进行评估。对于潜在用户来说是好的产品，可能对于其他用户来说并非如此。

（7）与整个公司分享需要的信息。创新数据是一家企业所能拥有的最重要的资产。然而，我们通常会发现研究经理的桌子上摞着小山一样的未分类报告，或是公司大楼某处的文件柜里堆满了文件。通常，很少有文件的有效期能超过 6 个月，然而因为收集来的成果、任务和创新数据本质上是稳定的，所以它们的有效期可以达到几年。关键是把这些信息传递到那些最能从中获得益处的人的手中、书桌上。

只有当所有重要的员工都知道市场上存在着哪些市场机会，企业才能调动整个公司的创造力，集中于价值创造。在一些公司，客户信息可以通过公司内部的网络门户分发给公司的所有员工。除此之外，在 Strategyn 公司，我们一般会提供报告生成系统的企业入口，这一报告生成系统是我们内部用来分析项目数据的系统。这些方便易得的报告都采用一种有利于企业做决策的格式，使得在公司内部分享信息变得非常容易。与整个公司分享客户信息不仅能够优化数据的使用，加速创造客户价值，它还有一个附带好处，就是能够确保企业不同的部门不会进行重复的研究工作。

（8）从内部项目开始来拥抱运营创新。对于那些想要自主进行客户驱动型创新的企业和个人（也就是说没有第三方的培训或是辅助），我们建议它们可以从企业内部创新开始，也就是应用于内部服务、人力资源、制造等方面的流程创新。通过这些努力，企业可以锻炼它们的创新技巧，做出改进，同时最大程度地避免公开的失败。此外，内部项目需要的成本更低，因为企业进行定性和定量研究是没有成本的。采访公司员工，分发内部调查问卷，根据结果对收集到的成果进行排序，这些工作都只需要时间而已，并不需要研究预算。在成功完成一到两次的内部运营创新后，企业就会更有信心，在产品创新上采用同样的方法，同时，它们也能够掌握足够的技巧，从外部客户那里获取需要的信息。

（9）调整客户满足度研究。在很多企业，客户满足度研究都是支出最大的研究项目之一。它们需要大量的样本，也习惯了为了提高客户保留度而创新。然而这些研究常常使用模糊的词语(解决方案、设计规格、需求和好处)，使得对客户价值如何创造、如何增加的评估很难进行。

在一些情况下，可以将与客户成果相关的问题添加到传统客户满足度问卷，这是一种很好的方法，既可以计算客户的满足度，又有利于企业实现发展。通过添加关注于成果的问题，这项研究就可以成为一项有用的研究工具，同时又不会影响预算。我们在第 3 章中讨论过，企业通过比较所有竞争者对所有客户成果的满足度，可以对竞争有更详细的了解。然而这种方法仅仅适合在每个市场按照常规进行客户满足度研究的企业。如果企业跨越多个活跃市场进行一项大型的研究，那么最终的结果可能对它们来说没有帮助，因为针对很多不同客户任务的成果会混在一起，进行这样的研究是不明智的。

(10)要尊重发现的市场机会。有太多时候，我们看到企业进行成果导向型的研究，发现了一系列极好的市场机会，然而它们就是没有把它们当作市场机会。一些企业显然并不愿意相信它们的发现。还有一些企业，它们无法相信自己已经发现了所有的市场机会。另外一部分企业，它们觉得，这个研究结果就像过去进行的所有研究一样，不过是烜赫一时，只要它们长时间地不理睬它，这个研究就会过时，它们就可以继续做它们想做的。要是这样也可以，它们就不必非要面对未开始的新项目，而终止已经在进行的旧项目的艰难决策。在上述情况中，企业仅仅是没有意识到它们的发现能够带来怎样的结果。如果企业能对市场上的所有市场机会进行排序，那么这对企业来说是无价之宝，企业也应当以对待无价之宝的方式对待这些市场机会。

企业应当去拥抱这些市场机会，而不是质疑它们。企业应当和相关的员工及时沟通，迅速做出反应。一旦企业知道市场的哪些方面存在市场机会，它们应该对能够发现方法满足那些不足成果的员工进行嘉奖。这些市场机会是实实在在的，客户也在等待出现新的产品或服务帮助它们满足这些市场机会。这些市场机会对创新来说就是关键点。

这本书中提到的创新方法已经为世界上许多企业生产出高价值，甚至是具有突破性价值的产品和服务。这种方法是符合逻辑的、实际的，也得到了实践的证明。这并不是说这种方法不能再被改进了，是可以的。自从我们开始使用成果导向型方法进行创新，每一次我们都全力以赴，对整个流程提出更高的要求，做出更大的改进。我们请你也这样做。

词汇表

（为客户带来的）好处：描述了客户希望新产品或新服务具有的明显的优势。这种表达往往包括一些词汇和短语，如“好用”“方便”“更快”“更好”“更便宜”。尽管在企业征集客户需求时，客户往往会采用这种描述，然而这种表达对于创新来说，并不是有效的输入。

突破性创意：能够为客户创造巨大新价值的创意。许多成功的新产品可以将不足成果的满足度提高 5%~10%，然而突破性产品通常可以将这一数值提高 20%，甚至是更多。

大市场上的市场机会：所有客户群都普遍认为不足的成果，或是所有客户群都认为不足的任务或是限制条件。

聚类分析：一种分析技巧，能够发现对不足成果有同样价值衡量的客户群。在成果导向型创新中，这种分析技巧用于细分市场，以及发现细分市场机会。

创意/概念：还处于理论阶段的可能的思路或是创新方案。

创意评估和测试：在创新过程中采用的一种方法，用于评估一个创意为某一特定客户群所能提供价值的潜能。

限制条件：阻碍客户完成某一任务，或在某一情况下阻碍客户完成任务的障碍。限制条件本质上常常是由于规章制度或是环境原因造成的。

消费者：产品或服务的最终用户，是所有客户集合的一个子集。也可以定义为已经使用某种产品或服务的人。

客户：价值链中可以成为价值创造目标的人或实体（例如，经销商、采购人员、影响者、最终用户等）。在医疗行业，客户可能包括外科医生、护理人员、医院行政人员、监管机构和购买者。

客户驱动型：一种创新模式，在这种模式下，企业在决定投资新产品或服务之前，对客户想要什么有深入的认识和理解。这种创新方法最早开始于20世纪80年代中期，但当时在提高创新效率方面只有有限的作用。

客户计分卡：一种量化衡量新创意对客户不足成果（和超出成果）满足度的方法。使用这种方法，企业在进行真正开发过程之前，即在理论阶段，就可以计算出产品的价值。

客户价值模型：一系列成果的合集，揭示了客户是如何完成某项任务的。这一模型往往以流程图的方式呈现，每一个步骤都附有相应的成果。

六西格玛设计：一种追求完美的品质计量法。六西格玛是一套基于数据的方法，有其固定的程序和原则，其目标是实现产品或服务的“零缺陷”。企业如果想达到六西格玛标准，那么它的出错率不能超过3.4%。这一标准可以运用于任何流程，也包括创新。

目标竞争地位：当企业的产品能够比其竞争对手的任何产品更好地

满足不足的目标成果，企业就可以占领独特而有价值的竞争地位。

开发规划：企业已经计划，但还未实施的产品或服务创意。在成果导向型创新中，我们要对企业开发规划中的项目进行排序，来确定哪些项目最能够满足客户的不足成果。

情感型任务：与个人目标相关的任务。情感型任务可以细分为个人型任务（人们在某种情景下希望获得的感受）和社会型任务（人们希望别人如何认识自己）。以汽车为例，一个人的个人型任务可能是想要感觉更年轻，而他的社会型任务是想要被其他人认为是成功的。

外部客户：不属于企业内部的客户，包括其他设备制造商（OEMs）、经销商、采购人员和最终用户。外部客户通常都是价值链的一部分。

因子分析：一种统计技术，从变量群中提取共性因子，解释了不同变量间存在的相关性。在成果导向型创新中，变量指的是成果。如果两个成果始终有相似的得分，那么它们会被当作同样的因子。这一技术应用于细分阶段，以辨识细分过程中的变量。

定点式头脑风暴法：通过聚焦创造力在客户不足成果上，生成少数有价值的创意的过程。这与传统的头脑风暴法不同，在传统的散点式头脑风暴法中，通常会产生几百个价值可疑的创意。

功能型任务：人们想要完成的非情感型任务。仍以汽车为例，一个人的功能型任务可能是将人或物从一处运往另一处。与功能型任务相关的成果通常是价值创造的关键点，而与情感型任务相关的成果往往可以为定位和营销提供思路。

创意生成：产生目标是满足一系列目标不足成果、任务和限制条件的创意的过程。

重要性和满足度数据：人们对某些目标成果、任务或限制条件的评分。在成果导向型创新中，这些数据是可以量化的，可以通过有效的数据研究获得。

重要性评分：客户对某一成果、任务或约束条件重要性量化的评价，反映了客户要实现某一成果、完成某一任务或克服某一限制条件的愿望的强烈程度。

创新：创造具有重大新客户价值的产品或服务的过程。这一过程始于选择客户和市场，包括发现市场机会、对市场机会按照优先顺序进行排序，最后创造出具有创新意义的产品或服务。

内部客户：企业内部的客户，包括员工、经理和执行领导。

任务：个人或公司试图完成的任务或活动。为了完成任务，它们需要有帮助的产品和服务。例如，个人购买保险是为了降低财务风险，企业购买客户关系管理系统是为了更好地管理潜在客户和销售活动。任务描述在创新过程中是一项非常关键的输入，一旦企业知道客户想要完成什么任务，它们可以创造出对客户有帮助的产品和服务。

任务导向型细分法：以任务（及其市场机会指数），而不是成果作为基础的细分方法。在进行基于任务的细分时会采用聚类分析，得出细分的市场机会。细分的市场机会可用于发现新市场。相比之下，成果导向型细分常常用于发现一个市场内的市场机会。

水平思考法：一种解决问题的思考方法，可以让人们从独特的或出乎意料的角度审视问题。

低位破坏：针对核心市场上超出的某一客户群，选择低成本技术的一种创新，这些目标客户因为当前的产品或服务过分地满足了他们的成果，而愿意接受一种成本更低、表现相对差的产品。这种创新策略扰乱了现有的商业模式，是企业吸引主流客户迈出的第一步。

需要：客户用来描述产品或服务整体价值的一种抽象表述。通常，在表述需求时，客户会使用一些形容词，但这些表述不能说明能够为客户带来的具体价值。例如，客户常常会说，他们希望产品“可靠”“高效”“强大”“动力充足”“强劲”，等等。尽管企业在整理客户需求时常会得到这样的答案，然而这些描述在创新过程中并不是有价值的输入。

需求导向型细分法：以客户需求为基础的细分。我们并不建议企业使用这种方法，因为一般，我们并没有什么标准定义“需求”，因而在分析过程中，往往会出现多种不同类型的输入（解决方案、具体规格、需要、好处、成果）。最终结果是不准确的，而且常常会误导细分方案。

新市场创新：企业发现个人或企业在完成某项任务时遇到困难，继而设计出具有创新精神的产品或服务，帮助那些个人或企业更快或者以更低成本完成任务。最终，企业创造出一个全新的市场。

非消费者：缺少足够的技能或者财富获取和使用某些可用产品的个人或企业。

运营创新：在企业经营管理方面进行的创新。运营创新包括改进内部商业流程，包括分销、销售、制造和人力资源管理。这种类型的创新常常需要企业分解其价值链，通过降低成本和浪费，重塑企业的运营管理之道。

市场机会：可以改进的一项不足的成果、任务或是限制条件，或是一个超出的成果，可以成为企业削减成本的目标。企业通过计算市场机会指数对市场机会进行排序。

市场机会指数算法：用于确定哪些任务、成果或限制条件是超出还是不足的计算法则。这种算法规定市场机会指数等于重要性加重要性与满足度之差，其中重要性与满足度之差不能为负数：市场机会=［重要性+max（重要性–满足度，0）］。

每个输入（任务、成果或限制条件）的重要性数值等于打 4~5 分的客户（重要性评分为 1~5 分，1=完全不重要，5=非常重要）占总体的百分比。重要性评分为 10 分制，因此如果 75%的客户给某一个输入打了 4~5 分，那么在公式中，这个输入的重要性就是 7.5。每个输入的满意度数值以同样的方法计算得到。

成果：客户用来衡量他们任务完成程度的标准。成果是客户对产品或服务表现的最基本的衡量方式，是执行任务内在的属性，也是创新中的关键输入。客户心中有这些标准，然而他们很少表达出来，而企业也很少能够理解这些标准。企业通常不会收集这类信息，因为它们没有意识到实际上，成果在创造突破性产品或服务的过程中占有最重要的地位。

成果导向型品牌：描述了客户想要完成的任务的品牌。例如，工具制造商米沃奇将其往复锯产品命名为 Sawzall，这个名字解释了产品将要完成任务，即锯任何东西。成果导向型品牌与客户相关，因为它们将产品和具体任务绑定。

成果导向型宣传策略：将产品功能和对应成果绑定的一种营销传播策略。

成果导向型细分法：以成果（及其机会指数）为基础的细分法。通过聚类分析对市场细分。再对得出的细分结果进行简要分析，以确定各细分市场的构成，从而得到细分市场机会。成果导向型细分法用于挖掘某一市场内蕴藏的市场机会，而任务导向型细分法则用于开拓新市场。

成果导向型：在成果导向型的创新理念中，企业发现客户衡量价值的标准（成果），确定哪些是不足成果，针对这些不足成果所代表的市场机遇，系统地设计新方案，应对市场机会，为客户提供明显的新的客户价值。

超出：超出意味着当前的产品或服务过度满足了客户并不看重的某一工作、成果或限制条件。该项工作、成果或限制条件的超出程度可由机会算法得出。超出工作、超出成果和超出的约束条件往往是企业降低成本的着眼点。

产品创新：改进产品而得到的创新称为产品创新。产品创新和服务创新是最普遍的创新类型。

定性研究：在成果导向型创新范式中，用于发现创新的关键客户输入（工作、成果、限制条件）的研究称为定性研究，包括小组采访、个人采访和观察性研究等形式。

定量研究：在成果导向型创新范式中，用于量化关键客户输入（工作、成果、限制条件）的重要性和满意度的研究称为定量研究，通常采用网络或电话调查的方式。

需求：一般来说，客户对产品的任何期望都可以称为需求，客户想要的、需要的、能够给客户带来的好处、解决方案、创意、愿望、要求、设计规格等都包含在内。这一用词的模糊性造成了客户驱动型创新的失效。

满足度评分：客户的满意程度的数字化表达，揭示了客户眼中某一成果的满足程度、某项任务完成情况，或者一个限制条件对某项任务或成果最低限度的影响如何。

细分：一组同质的客户，这些客户想要实现同样一系列的成果，或者想要完成同样的某项工作。

细分法：将客户进行有益的分组，便于价值创造和创新。

特定细分市场的市场机会：某一特定的成果导向型细分市场上存在的不足成果，或是某一特定的市场机会任务的市场上存在的不足任务。

解决方案：客户对他们希望产品或服务所具有的外观或明显的特性描述。例如，客户可能会告诉剃须刀制造商他们希望剃须刀能配有橡胶手柄或是剃须刀头上装有润滑条。尽管企业在收集客户需求时，常会得到这样的信息，然而在创新过程中，这种描述并不是有效的输入。

设计规格：客户对产品设计的某一特性具体的要求，可能是产品的大小、重量、颜色和形状。例如，剃须刀用户可能会要求剃须刀手柄更宽，或是重量更轻。尽管在收集客户需求时，企业常常从客户那里获得这样的信息，然而这类信息在创新过程中并不是有效的输入。

利益相关者：企业中对企业产品、服务或是策略感兴趣或负有责任的个人或者团体。

统计过程控制（SPC）：制造商用来控制制造过程变量，保证结果可预测的管理工具。

选择/瞄准（市场机会）：选择一系列不足成果和任务当作企业实现增长和价值创造的目标的技术。

技术驱动：一种创新思路，企业首先创造出一项新技术，然后试图为这种技术寻找市场，是一种低效的创新方法。

主题：一组相关的不足结果整合为一个类别。例如，关于伤口护理的一系列成果可以整合到“防止情况复杂化”这一主题下，即使这些成果可能都不直接与防止情况复杂化相关。发现主题有利于企业进行定位、宣传和品牌塑造等活动。

不足：当某项任务、成果或限制条件对客户来说是重要的，然而客户使用当前可用产品却无法完成任务、实现成果或是客户限制条件时，就出现了不足的情况。使用市场机会指数算法可以计算出任务、成果或限制条件的不足程度。

价值链：为保证产品或服务的成功，企业必须应对的客户集合。价值链中可能包括 OEMs、经销商、采购人员、最终用户及其他客户。

价值转移：随着时间推移，价值链中的市场机会和针对某些用户群的市场机会会发生变化。之前不足的成果得到满足，就会产生价值转移。企业只能通过寻找其他的不足成果创造新价值。

方差：衡量一组数据围绕均值的离散度，等于各个数据与平均数之差的平方的和的平均数。方差的单位是变量单位的平方。

客户的声音：聆听客户的声音，这种思路的初衷是理解客户的需求。这一方法的成功率有限，因为实际上客户的声音常常以解决方案、具体设计规格、需求和好处的形式呈现，而不是以成果、任务、限制条件的形式呈现，而后者才是创新成功必须的输入形式。

反侵权盗版声明